ハンディシリーズ
発達障害支援・特別支援教育ナビ
柘植雅義◎監修

小貫 悟 編著

LDのある子への学習指導
―― 適切な仮説に基づく支援

- 小貫 悟
- 奥村智人
- 山下公司
- 西岡有香
- 増本利信
- 三浦朋子
- 小笠原哲史
- 林 真理佳
- 岡田真美子
- 飯利知恵子
- 名越斉子

金子書房

「発達障害支援・特別支援教育ナビ」の
刊行にあたって

　2001 年は，新たな世紀の始まりであると同時に，1 月に文部科学省の調査研究協力者会議が「21 世紀の特殊教育の在り方について～一人一人のニーズに応じた特別支援の在り方について～」という最終報告書を取りまとめ，従来の特殊教育から新たな特別支援教育に向けた転換の始まりの年でもありました。特に画期的だったのは，学習障害（LD），注意欠如多動性障害（ADHD），高機能自閉症等，知的障害のない発達障害に関する教育の必要性が明記されたことです。20 世紀の終わり頃，欧米などの他国と比べて，これらの障害への対応は残念ながら日本は遅れ，国レベルでの対応を強く求める声が多くありました。

　しかし，その 2001 年以降，取り組みがいざ始まると，発達障害をめぐる教育実践，教育行政，学術研究，さらにはその周辺で深くかかわる福祉，医療，労働等の各実践，行政，研究は，今日まで上手い具合に進みました。スピード感もあり，時に，従来からの他の障害種から，羨望の眼差しで見られるようなこともあったと思われます。

　そして 14 年が過ぎた現在，発達障害の理解は進み，制度も整い，豊かな実践も取り組まれ，学術研究も蓄積されてきました。以前と比べれば隔世の感があります。さらに，2016 年 4 月には，障害者差別解消法が施行されます。

　そこで，このような時点に，発達障害を巡る種々の分野の成長の全容を，いくつかのテーマにまとめてシリーズとして分冊で公表していくことは非常に重要です。そして，発達障害を理解し，支援をしていく際に，重要度の高いものを選び，その分野において第一線で活躍されている方々に執筆していただきます。各テーマを全体的に概観すると共に，そのテーマをある程度深く掘り下げてみるという 2 軸での章構成を目指しました。シリーズが完成した暁には，我が国における発達障害にかかわる教育を中心とした現時点での到達点を集めた集大成ということになると考えています。

　最後になりましたが，このような画期的なアイデアを提案して下さった金子書房の先見性に深く感謝するとともに，本シリーズが，我が国における発達障害への理解と支援の一層の深まりに貢献してくれることを願っています。

2014 年 9 月

シリーズ監修　柘植雅義

Contents

第1章 適切な仮説に基づく学習指導とは何か
.... 小貫　悟　4

第2章 質問紙形式のスクリーニングによる実態把握

総　説　質問紙形式のスクリーニングに基づく支援の実際
.... 奥村智人　12

事例**1**　視覚認知に弱さのある小学2年のAさん
.... 奥村智人　15

事例**2**　社会性に困難さのある小学5年のBさん
.... 山下公司　21

第3章 流暢さと正確さに基づく支援の実際

総　説　読み・書き・算数の処理と検査について
.... 奥村智人・西岡有香　28

事例**3**　音読で逐次読みになる小学3年のCさん
.... 西岡有香　32

事例**4**　計算と文章問題が苦手な小学5年のDさん
.... 増本利信　40

事例**5**　書字の正確性に弱さのある小学4年のEさん
.... 三浦朋子　49

第4章　つまずき分析に基づく支援の実際

総　説　指導領域・指導目標の設定のためのつまずき分析
.... 小貫　悟・小笠原哲史　56

事例6　読みにつまずきのある小学4年のFさん
.... 林　真理佳　60

事例7　書きにつまずきのある小学2年のGさん
.... 岡田真美子　67

事例8　注意・集中につまずきのある小学4年のHさん
.... 小笠原哲史　74

事例9　筆算での計算につまずきのある小学4年のⅠさん
.... 飯利知恵子・名越斉子　82

第5章　適切な仮説に基づく支援ツール
──LD-SKAIPの活用法
.... 奥村智人・小笠原哲史　89

第1章

適切な仮説に基づく学習指導とは何か

小貫　悟

1 わが国のLDの「定義」を分析することから始まる

「適切な仮説に基づく」とはいかなる学習指導であろう。本書はそれを理論的に実践的に説明することを目的に作られた。LD（学習障害）があると判断される子は「適切な仮説に基づく学習指導」を必要とする子である。そのことを，まず確認したい。

1991年に我が国はLDを公式に以下のように定義した。

学習障害とは，基本的には全般的な知的発達に遅れはないが，聞く，話す，読む，書く，計算する又は推論する能力のうち特定のものの習得と使用に著しい困難を示す状態を指すものである。

学習障害は，その原因として，中枢神経系に何らかの機能障害があると推定されるが，視覚障害，聴覚障害，知的障害，情緒障害などの障害や，環境的な要因が直接の原因となるものではない。（文部省，1991年）

この定義を表面的に読むと，学力領域につまずきがある子どものイメージしか思い浮かばない方も多いかもしれない。しかし，この定義には，学習困難の状態像が生まれるまでのプロセス，そしてその原因の推定までが含まれている。以下，その点を説明する。

LD定義にある構成要素を分解すると，以下の3つのパートからなることがわかる。

まず，①LDとは「聞く，話す，読む，書く，計算する，推論する」などの学力領域の特異的困難がある子を指すという〈臨床像〉に触れている部分である。

そして、②それは「知的な遅れを伴わない」ということに触れている部分。ここでは「知的な遅れの有無」だけしか触れていない。しかし、わが国のこの定義が作られるまでに参照された、海外におけるいくつかのLD定義では「心理学的な過程」での困難を想定しているものがみられる。つまり、LDのある子には「心理学的過程に一つないし複数の困難」が生じるとしているものである。これが、その後、わが国では「情報処理プロセス」「認知特性」などと言われるものである。「知的な遅れを伴わない」とした本定義の背景には、言外に「認知能力の偏り」を仮定しているわけである。さらに、③その最終的な背景には「中枢神経系の機能障害」を推定し、本人の努力不足や適切な指導などの外的要因で生じるものではないことを示している。

この3つのパートが意味するところを、さらにメカニズムとして図示すると図1-1のようになる。これがLDの不適応症状の発生メカニズムである。つまり、その子がLDであるかどうかは、この枠組みでの不適応と説明可能であるかどうかがその根拠となるわけである。

中枢神経系の機能障害

認知（情報処理）過程の特異的障害

基礎学力の特異的習得困難

図1-1　LDの困難の発生メカニズム（上野，2001を修正）

それぞれのレベルで医学，心理学，教育学の見地からの所見が必要なことがわかる。目に見える学習困難が生じるまでの間に多くの情報を集め，その発生プロセスを明示しようとしているのが，この定義である。

つまり，定義に沿って，その子がLDであるのかどうかの〈判断〉を行っていくと，その結果，不適応のメカニズムの推定が蓄積されていき，それによって「仮説に基づく学習指導」のベースが作られるというわけである。わが国のLDの公式定義が，原因の推定を前提にしているものであること（医学的には「病因論」と呼ばれる）は，「症状論」を前提に作られたDSMやICDなどの医学的分類と比べると明確であろう。

LD（Learning disabilities）とは，あくまで教育用語であり，そしてそれは「学習指導を前提にした概念」であり，「適切な仮説を生成すること」を示したものであると言えるのである。

2 「適切な仮説」はどう作られるのか

（1）「適切な指導仮説」とは何か

「適切な仮説」を作るにはどうすればよいのだろうか。そもそも「仮説」とはいかなるものであろうか。その概要を示すことを目的に図1-2を描いてみた。

以下は，この図に沿って話を進めたい。LDのある子が，専門家の前に現れたときに，そこにあるのは，ただ〈困難の状態〉だけである。図1-2の上部中央にある〈困難な状態〉から図の説明はスタートする。〈困難な状態〉を伴うその子はなぜ専門家の前に現れたのだろうか。もちろんその子がその「困難から脱したい」と思ったからである。専門家はその要請に応えることが期待される。図では，そのことを〈困難の状態〉から出る〈→〉の先に〈状態の改善〉を置くことで示した。この〈困難の状態→状態の改善〉というシンプルな図式のためだけに，我々専門家は奮闘することになる。そのために〈困難の状態〉が〈状態の改善〉に結びつくプロセス上に，なんらかの〈手立て〉を設定することが期待される。この〈困難の状態→手立て→状態の改善〉の一連のシンプルな流れを〈指導仮説〉と呼ぶ。そして，この〈指導仮説〉が，想定した〈状態の改善〉が現実に生じる，

適切な仮説に基づく学習指導とは何か 第1章

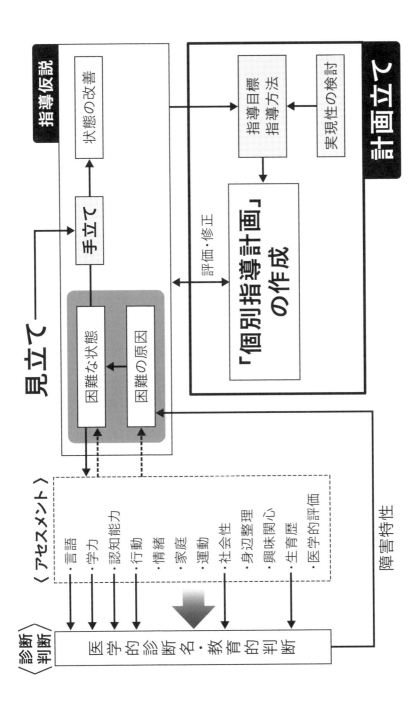

図1-2 指導仮説－アセスメント－指導計画の関係

7

その的中率の高いものを我々は「適切な指導仮説」とするわけである。

（2）〈手立て〉を産むために

　〈指導仮説〉の中身を見ていただければわかるように，それが「適切な仮説」であるための最大のポイントは的確な〈手立て〉が打たれることである。実際には，これが専門家にとっては難儀な作業である。「的確な〈手立て〉」は自然に湧き出てくるようなものではないからである。そこで，専門家はより一層〈困難の状態〉をきめ細やかに知る作業を行うことになる。これが〈アセスメント〉と呼ばれる作業である。それが，図1-2で〈困難の状態〉から〈←〉で結んだ先に〈アセスメント〉の枠を置いた意味である。「アセスメント」とは広い概念である。その子を知るための作業はすべて「アセスメント」である。図の〈アセスメント〉の中には，発達にかたよりがある子やLDのある子への基本となるアセスメントのキーワードを並べた。これらの〈アセスメント〉の結果が再び〈困難の状態〉のきめ細やかな理解の材料としてフィードバックされる。図中の〈→〉がそのことを示している。このフィードバックが「手立て」へのアイディアを生み出す材料の一つとなる。

（3）〈アセスメント〉のもう一つの側面

　ところで，専門家が行うアセスメントにはもう一つの側面がある。それは，アセスメント結果のいくつかは，その子の障害に対する「診断」や「判断」の材料となるという点である。「診断・判断」の作業はアセスメントを基にして行われるものである。そもそも「診断・判断」は何のために行われるものなのであろうか。もちろん，時々，非専門家の口から発せられる「レッテル貼り」ではない。診断名をつけるための診断には支援の側面からの意味はない。「診断・判断」作業はその後の「治療，処置，処遇，介入，支援」が適切に行われるためになされるものである。つまり，その子の状態に障害名がつくことによって，その障害名に対して蓄積された膨大な量の臨床・実践知見を参照，利用する準備状態が完成すると考えるべきである。この〈障害特性〉と呼ばれる膨大な研究・実践知見も当然，〈指導仮説〉にフィードバックされることになる。

適切な仮説に基づく学習指導とは何か 第1章

（4）〈見立て〉を作る

　実際には，〈障害特性〉の知見と〈アセスメント〉の結果は，主に〈困難の原因〉の推定に利用されることになる。前掲の図1-2では〈困難の状態〉の下に位置するのが〈困難の原因〉である。この〈困難の原因→困難の状態〉という因果関係に基づく枠組みが，この子の困難の状態を生じさせるメカニズムを〈見立て〉るものとなる。「見立て」とは，その語義の通り「こう〈見立て〉てみると，こういう風に考えることができる」というようなあくまで「推測」を意味する言葉である。この「推測（見立て）」が〈手立て〉を得る最大の情報源となる。

　ここで今一度，図1-2の〈指導仮説〉の枠組みの全体を見直してみると〈指導仮説〉のその中身は，基本的に「〈困難の原因→困難の状態〉を内容とする〈見立て〉を基に作られた〈手立て〉によって〈状態の改善〉が生じることが期待される仮説」であるとの説明しなおしが可能になる。ここまでが，本書のテーマである「適切な仮説に基づく学習指導」における「仮説生成」作業を論理的に説明したものである。

（5）〈指導仮説〉から〈指導計画〉の策定へ

　ここまでの作業によって〈指導仮説〉はすでに設定されたことになる。しかし，当然ながら〈指導仮説〉の意義は，実際の支援，指導に活かされて明確になる。ここまでで述べてきた〈手立て〉を別の言い方にすれば〈指導方法〉であり，〈状態の改善〉とは〈指導目標〉と言い換えることが可能である。この〈指導方法〉〈指導目標〉は特別支援教育では〈個別の指導計画〉と呼ばれるものの中身であり，指導のプランニングを形作るメインの要素である。つまり〈指導仮説〉の設定とは〈指導計画〉の策定の作業と重なるわけである。この〈指導計画〉は「絵に描いた餅」であることが許されない。あくまで実行可能な内容で記載される必要がある。そこで〈指導計画〉は〈指導仮説〉に基づき〈実現可能性〉をも照合し策定されることになる。これらの作業の全般は，一般には〈計画立て〉と呼ばれる。

9

（6）〈計画立て〉が〈指導仮説〉を検証する

　〈計画立て〉されて実行された〈指導〉は，その後〈評価〉されることになる。「個別の指導計画」は「指導目標」「指導方法」「評価」の3つの主要素からなる。〈指導仮説〉に基づいて作成された〈指導計画〉に基づいて行われた〈指導〉は〈評価〉されることによって「検証」されることになる。もしそこで指導効果が生じないならば，その計画の価値は低減し，その基となった〈指導仮説〉は否定すらされる。適切なアセスメントが行われているならば，否定までに至ることは稀であるはずである（そう信じたい）。しかし，〈評価〉の作業によって〈修正〉が求められることは珍しいことではない。つまり〈計画立て〉された実際の〈指導〉の〈評価〉によって〈指導仮説〉が検証され〈修正〉される。この基本となるプロセスをきちんと踏んでいるならば，数年にわたる専門的な指導を受けた子の〈指導仮説〉はより「適切」なものとなり，有効な指導をもたらすものになっているはずである。もし，そうでないならば，それは専門的な枠組みに基づく（適切な仮説に基づく）指導と名乗ることはできないであろう。

　以上，「適切な仮説」を導き出すための概要を述べた。専門家は，この枠組みの細部に細心の注意を払い，「適切な仮説に基づく指導・支援」を行わなければならない。

3　どう「学力」のアセスメントを行うか

　さて，本章では，「LDの公式定義は適切な指導仮説を導くための枠組みを示したものである」と「指導仮説を生成していく枠組みとは何か」の二点を示した。この二つの大きなテーマを結びつけるために，本書では「学力アセスメント」をテーマとしている。筆者は，「学力アセスメント」は，おそらくわが国の特別支援教育の領域の中で最もその開発が遅れたものと考えている。学力のアセスメントには大きく分けて「間接的なアセスメント」と「直接的なアセスメント」とがある。前者は，その子を知る指導者なり保護者なりがその子の実態をイメージしながら評定を行うものであり，後者は，対象となる子が実際に課題を行う

ことによってデータを得る方法である。「直接的なアセスメント」による学力の把握においては，学力の「流暢性・正確性」の把握と，その子の持つ実際の学力（アカデミックスキル）の運用レベルと，稀なエラー状況の把握が基本的な柱となると考えている。

　次章以降では，「間接的なアセスメント」による質問紙形式のスクリーニングと，「直接的なアセスメント」における「流暢性・正確性」・「エラー分析」の評価についてのテーマを取り上げ，「適切な仮説に基づく学習指導」の実際を示すこととする。

※注　本書で取り上げている事例は，個人が特定されないように，筆者らのこれまでの実践を基に複数のものを組み合わせて作成した架空事例である。また本文内の心理アセスメントの表・グラフは，読者の皆様の理解のしやすさを考慮し，実際のアセスメントに準拠した形で作成し直したものである。

【引用・参考文献】

学習障害及びこれに類似する学習上の困難を有する児童生徒の指導方法に関する調査研究協力者会議 (1999) 学習障害児に対する指導について（報告）. 文部省.

上野一彦，牟田悦子，小貫悟 (2001) LD の教育. 日本文化科学社.

第2章

質問紙形式のスクリーニングによる実態把握

総説 質問紙形式のスクリーニングに基づく支援の実際

奥村智人

　学習につまずきがある児童の支援を検討する際，学習のつまずきの状態やその背景にある認知特性を捉えることが重要である。しかし，学習のつまずきに関する判断や実態把握において，中心的な役割を担うのは学校など教育機関であり，時間をかけた検査実施には制限があることが多いと思われる。とくにLDの実態把握では，対象とする児童がその時点では通常学級在籍であり，かつ支援対象となっていないことも少なくない。そのような状況で実態把握を進める中で，読み書き検査や認知検査・知能検査などを子どもに直接実施することは難しいことが多い。まずは児童の普段の状況を整理することにより，つまずきのある領域や予想される認知特性に関して実態把握をすることが求められる。支援の初期段階において，学習に関するつまずきの状態や認知の偏りを大まかに把握する目的で，質問紙形式のスクリーニングが有効である。

　日本で使用されてきた学習障害に関する代表的なチェックリストとしてLDI-R（LD判断のための調査票：上野ら，2008）がある。LDI-Rは，対象となる児童を指導し，児童の状態をよく理解している担任や教科担任，特別支援教育担当教師などが回答する。適用範囲は小中学生で基礎的学力（聞く，話す，読む，書く，計算する，推論する，英語，数学）と行動，社会性の計10領域（小学生は英語，数学を除く計8領域）で構成されており，主に学習障害やその他の

質問紙形式のスクリーニングによる実態把握 第2章

表2-1-1　視覚関連症状チェックリスト（抜粋）

Ⅰ. 読み書きに関連する活動

1. 読んでいるとき，行や列を読み飛ばしたり，繰り返し読んだりする
2. 文の終わりを省略して読んだり，勝手に読みかえたりする
3. 長い時間，集中して読むことができない
4. 数字，かな文字，漢字の習得にとても時間がかかる
5. 指で文字をたどりながら読む
6. 表の縦や横の列を見誤る（百ます計算など）
7. 近くの物を見る作業や読むことを避ける
8. 黒板を写すのが苦手または遅い

Ⅱ. 手指の操作（手先のコントロールと手元の空間の理解）

1. おりがみが苦手
2. ハサミを使った作業が苦手
3. 図形や絵を見て同じように書き写すことが苦手
4. 目に見える位置で行う蝶々むすびがうまくできない
5. 定規，分度器，コンパスを上手に使えない
6. 図形の問題が苦手
7. 鍵盤ハーモニカやリコーダーがうまく演奏できない
8. 文字を書くと形が崩れる

Ⅲ. 空間の認識（体全体の動きとそれに対応する空間の理解）

1. ラケットやバットでボールを打つのが苦手
2. 表やグラフを理解するのが苦手
3. 方向感覚が悪い
4. 指さしたり，提示したりした物をすばやく見つけられない
5. 距離を判断するのが苦手（自分から壁までの距離など）
6. ボールを受けるのが苦手
7. 下りの階段や高い遊具への昇り降りを怖がる
8. つまずいたり，物や人にぶつかったりすることが多い

Ⅳ. 注視関連の症状

1. 物を見るとき，必要以上に顔を近づける
2. 物を見るとき，顔を傾ける
3. 物を見るときに，しばしば目をこすったり，まばたきをしたりする
4. 目を細めて物を見る
5. 両方の目が同じ方向を見ていないことがある

発達障害の定義に基づいた領域について評価が行われる。質問紙は校内委員会などの学校現場，専門家チームや専門機関において児童の実態把握に用いられている。質問紙に答えることで児童がどの領域で特異なつまずきを示し，どの領域ではつまずきを示さないかを明らかにできる。ただし，手引きにも書かれているように，基礎的学力を明らかにするものではないため，児童の実際の能力を評価するためには，学力検査や認知機能検査，発達検査などを用いることが必要となる。

　認知的な視点で評価を行うチェックリストもあり，実践現場で活用されている。視覚に注目して保護者が質問紙に回答して評価する検査には，視覚関連症状チェックリスト（VSPCL：奥村ら，2013）がある（表2-1-1）。VSPCLでチェックしている症状の背景には眼科疾患，視覚認知や目と手の協応にかかわる機能低下などさまざまな要因が予想される。斜視などが影響する両眼視機能の低下では「Ⅳ．注視関連の症状」に含まれるような症状が出ることがあり，衝動性眼球運動などの機能低下があると「Ⅰ．読み書きに関連する活動」に含まれるような症状が出ることが多い。視知覚・視覚認知や目と手の協応の機能低下があると「Ⅱ．手指の操作」や「Ⅲ．空間の認識」に含まれるような症状が出ることが多い。ただし，VSPCLでチェックしている症状に視覚以外の要因が関連していることもある。例えば，言語能力や音韻認識など読みに関わる機能が「Ⅰ．読み書きに関連する活動」の項目と関連することが知られており，検査による鑑別が必要である。また，「Ⅳ．注視関連の症状」は，自閉スペクトラム症などにみられる感覚の問題によって引き起こされる可能性もあり，これについても検査や観察により鑑別をすることが重要である。その他にも，視覚以外の要因によってこれらの症状が出る可能性があり，さまざまな情報を基に判断していくことが大切である。

【引用・参考文献】

上野一彦，篁倫子，海津亜希子（2008）LDI-R—LD判断のための調査票—手引き．日本文化科学社．

奥村智人，三浦朋子，中西誠，宇野正章，若宮英司，玉井浩（2013）学童期用視覚関連症状チェックリストの作成．脳と発達．45（5），360-365．

質問紙形式のスクリーニングによる実態把握 第2章

> **事例 1**
>
> # 視覚認知に弱さのある
> # 小学2年のＡさん
>
> 奥村智人

1 事例の概要

●基本情報

公立小学校（通常の学級）2年生（7歳），男児。

●主訴

絵を描くのが苦手，算数の図形の問題がわからない・作図が苦手，定規の目盛りを読むことが苦手，地図の学習が苦手。

●生育歴

2,900g，38週にて出産。周産期に特記事項なし。始歩，始語などで保護者が気になることはなかった。1歳半，3歳半健診では特に指摘なし。

●教育歴，相談歴

幼稚園では，友人とのコミュニケーションに問題はなく，友だちとも仲良く遊ぶ様子がみられた。積み木やブロックに興味を示さず，友だちから誘われても取り組もうとしなかった。小さいころから絵を描くことや工作が苦手で，幼稚園の創作活動では先生がかなり援助をしてなんとか作品として完成する状態であった。

15

●学習の様子

　国語では，読み書きの困難さは認められず，作文も得意ではないが，大きな問題があるわけではない。一方で，算数の図形の問題で苦手さが顕著であり，九九を暗記することは得意であったが，筆算ではつまずきがみられた。図工で絵を描く課題では一生懸命に描くが上手に描けず，教室に自分の絵が貼り出されることを拒否することもあった。家庭学習は人一倍努力し，漢字テストでは文字の形は崩れているものの，平均点以上は取れていた。

2 実施したスクリーニングと結果

　Aさんは，読み書きに大きな問題はなかったが，算数で苦手な部分が多く，絵を描くことの苦手さなど視覚的な問題が疑われたため，実態把握を進めるためにLD判断のための調査票（以下，LDI-R：上野ら，2008）と視覚関連症状チェックリスト（以下，VSPCL：奥村ら，2013）を実施した。

（1）LDI-R

　LDI-Rは，対象となる子どもを実際に指導している担任が記入を行った。その際には，特別支援教育コーディネーターもチェックし，Aさんの実態をより正確にとらえることとした。LDI-Rの粗点は，「聞く7，話す8，読む10，書く10，計算する20，推論する17，行動3，社会性9」であった（図2-2-1）。

　判定はE型であり，LDの可能性は高くはないものの，「計算する」「推論する」では「PL2：つまずきの疑い」で苦手さが確認された。行動や社会性においての困難さはみられなかった。「推論する」の各質問項目を確認すると，「推論する」の中でも図形を認識したり，書き写したりすることに関する項目が「よくある」であり，視覚認知に関連する可能性が高い特徴が多く出ていると思われた。

（2）VSPCL

　VSPCLは保護者用チェックリストであり，Aさんの保護者が記入した。その結果，「読み書き関連の視活動」「注視関連の症状」で問題はなかったが，「総

質問紙形式のスクリーニングによる実態把握 第2章

得点」および「手指の操作」「空間の認識」の領域でカットオフポイントを上回り，形や位置関係を捉える活動，目と手を連動して手先の作業をする活動，広い空

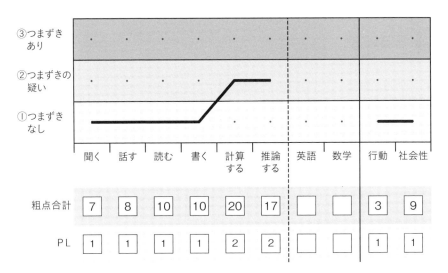

図2-2-1　LDI-Rの結果

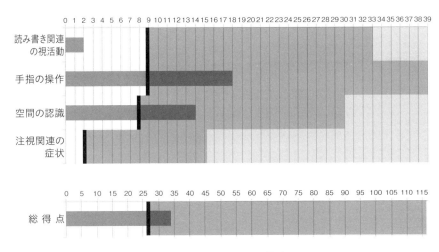

図2-2-2　VSPCLの結果

17

間を理解する活動でつまずきが多く出ていることがわかった。（図2-2-2）それ
ぞれの領域で太線がカットオフポイント。棒グラフがカットポイントより右に
伸びている領域で問題が疑われる。

3 指導内容

（1）合理的配慮

①書字

書字の負担を軽減するため，下記のような配慮を行った。

- 板書をノートに書き写す量を調整するために，毎授業，教師が色チョーク
  で囲んだ部分は必ず書き，その他の部分は余裕がある時のみ書けばよいこ
  ととした。
- 漢字の宿題では繰り返し書く練習が出されていたが，Aさんが書く回数は
  1〜2回に減らし，代わりに該当の漢字を使った熟語を考えたり，短文を作っ
  たりすることを宿題として課した。また，個別指導の場での学習開始後は
  習ったやり方で漢字を覚える練習を行うようにした。
- 連絡帳を書く負担を減らすため，教科や毎日でる宿題（漢字ドリル，計算
  ドリル）などはあらかじめ書かれた用紙を作成し，丸を付けたり，ページ
  数を書いたりするだけでよいようにした。（図2-2-3）
- 問題文や計算ドリルの問題をノートに書き写す作業をなくすため，保護者
  が書き写したり，コピーをノートに貼ったりして，Aさんには答えのみ書
  けばよいようにした。

②図形課題

同じ形を見つける問題では，見本と同じ形を厚紙で用意し，選択肢の上に重
ねて確認できるようにした。

質問紙形式のスクリーニングによる実態把握 第2章

がつ　にち　ようび
月　　日　　曜日

・ じかんわりどおり

1	こくご	さんすう	せいかつ	たいいく	ずこう	おんがく	どうとく
2	こくご	さんすう	せいかつ	たいいく	ずこう	おんがく	どうとく
3	こくご	さんすう	せいかつ	たいいく	ずこう	おんがく	どうとく
4	こくご	さんすう	せいかつ	たいいく	ずこう	おんがく	どうとく
5	こくご	さんすう	せいかつ	たいいく	ずこう	おんがく	どうとく
6	こくご	さんすう	せいかつ	たいいく	ずこう	おんがく	どうとく

しゅくだい	かん字ドリル：　　ページ〜　　ページ
	けいさんドリル：　　ページ〜　　ページ
もちもの	きゅう食ぶくろ　　ピアニカ

図2-2-3　連絡帳の代わりに使った用紙

※点線の枠内数字を赤線の上に繰り上がりの数を記入する

図2-2-4　枠付きの筆算用紙（井上，2010）

③計算課題

『特別支援教育はじめのいっぽ！算数のじかん』(井上・杉本，2010) を参考に，算数の筆算をおこなう際に桁がずれないように，枠付きの記入用紙を使用して筆算の学習を行った (図2-2-4)。

（2）ビジョントレーニングによる指導

視覚認知，目と手の協応の弱さに対し，個別指導の場や自宅でビジョントレーニングにも取り組んだ。また客観的なアセスメントが行えておらず，詳細な実態把握ができていないため，まずはWAVES付属のはじめてのトレーニングドリルを負担とならない範囲で取り組んだ。

（3）まとめ

今回は第一次スクリーニングとして，LDI-RとVSPCLを活用した。Aさんの困難さを客観的に示すことで，校内支援委員会の中で課題の共有化が図られ，主に学級での配慮について具体的支援に動き出すことができた。

ただ，LDI-RやVSPCLなどのチェックリストは学習困難の状況把握に過ぎず，具体的な支援の選定に必要な客観的な要因が検討できていないことに留意する必要がある。3年生以降で学習の困難さが続くようであれば，より詳しい直接検査によるアセスメントと支援計画の再考が必要と思われる。

【引用・参考文献】

上野一彦，篁倫子，海津亜希子 (2008) LDI-R—LD判断のための調査票—手引き．日本文化科学社．

奥村智人，三浦朋子，中西誠，宇野正章，若宮英司，玉井浩 (2013) 学童期用視覚関連症状チェックリストの作成．脳と発達．45 (5)，360-365．

奥村智人，三浦朋子 (2014)．『見る力』を育てるビジョン・アセスメントWAVES．学研教育みらい．

井上賞子，杉本陽子 (2010) 特別支援教育はじめのいっぽ！算数のじかん：通常学級でみんなといっしょに学べる．学研教育みらい．

質問紙形式のスクリーニングによる実態把握 第2章

事例
2 社会性に困難さのある
小学5年のBさん

山下公司

1 事例の概要

●基本情報

公立小学校（通常の学級）5年生（11歳），男児。

●主訴

Bさんの主張：みんなが言うことを聞かない。

保護者の主訴：よくケンカになる。

担任の主訴：集団行動がとれない。

●生育歴

3,210g，39週にて帝王切開で出産。周産期に特記事項なし。始歩，始語については保護者がはっきりとは覚えていないが，問題は見られなかった。1歳半，3歳半健診では特に指摘なし。

●教育歴・相談歴

幼稚園では，積極的に人と関わる様子が見られた。自分の整理整頓などは難しかったが，友だちの世話をするのが好きであった。担任の先生もBさんの良いところを認め，積極的にほめる関わりを続けていた。

小学校に入学し，友だちとのケンカが多くなり，けがをして帰ってくることが多かった。学校では，思いついたことをパッと言ってしまい，トラブルにな

21

ることや気持ちが高ぶってしまい，手が出ることが多かった。

それを心配した母親は，医療機関に相談に行き，「ADHDの疑いがある」と言われるが，投薬などの治療を受けることはなかった。それ以降，医療機関とはつながっていなかった。

●学習の様子

国語では，読みの困難さは認められず，読解では問題なく平均点がとれた。漢字テストは8〜9割正答できたが，漢字の意味をあまり考えずに衝動的に解答し，間違えてしまうことはあった。

算数でも同様に，ケアレスミスをすることが多かった。

クラスでは，仲良しの友だちとは，大好きな車や音楽アーティストの話題で盛り上がっていたが，特定の女子とのトラブルが絶えなかった。思いついたことをパッと言ってしまうことや思い込み，勘違いでトラブルになることは日常茶飯事であった。理科実験などでは，「俺が！」と自分がやりたいことを強く主張し，譲ることが難しかった。

家庭では大きく困ることはなかったものの，整理整頓ができないことや小学1年の妹に対して強く出て，言うことを聞かせようとする姿が見られるとのことであった。父親との関係は良好で，父親の大好きな車の話で会話を楽しんだり，休みの日には，ディーラーに出かけたりして，車談議に花を咲かせていた。

2 実施したスクリーニングと結果

Bさんは，学習の困難が著しいわけではなかったが，総合的判断の足掛かりとして，「LDI-R LD判断のための調査票」(上野ら，2008) を実施した。LDI-Rに回答する者は，「対象となる子どもを実際に指導し，子どもの学習の状態を熟知している指導者，専門家であることが望ましい」(上野ら，2008) とあるため，Bさんの担任が記入に当たった。その際には，特別支援教育コーディネーターもチェックし，Bさんの実態をより正確に捉えることとした。

担任が記入したLDI-Rの採点，結果の解釈については，通級担当である筆者が行うこととした。

LDI-Rの結果は，粗点：聞く33，話す22，読む18，書く25，計算する12，推論する18，行動43，社会性39であった（図2-3-1）。

　判定はE型であり，LDの可能性は高くないものの，以下の質問項目に表れているBさんの特性がよく反映されていた。行動や社会性においての困難さはいろんな場面で確認されており，「PL3：つまずきあり」となったのは実態が明確に数値化された結果であった。学習面では，聞くにおいて「PL2：つまずきの疑い」となっており，各項目の回答を確認すると，集団場面での聞き取りの弱さ，勘違い，指示の聞きもらしが示唆される結果であった。聞くことの中でも，聴覚的注意における困難さが示され，行動におけるつまずきの要因の一つであると考えられた。しかし，学習面での困難さに対しては，行動や社会性の困難さが目立つため，つまずきの可能性があるにも関わらず，支援がなされていないことが示唆され，今後の支援の方向性を考えるきっかけとなった。今後の支援を考えていく上では，行動面の調整とともに，聞くことの臨床観察をさらに行うことや掘り下げの可能な検査を行うことで，よりよい支援方針が検討できるものと考えられる。

　行動や社会性においては，Bさんの実態と合致した結果であり，今後の支援

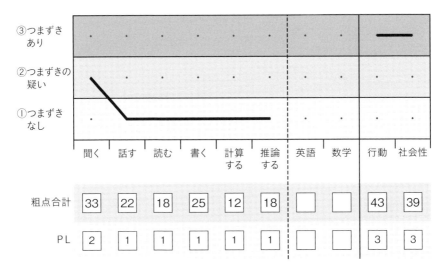

図2-3-1　LDI-Rの結果

を考えていくうえで，重要視していく必要があると考えられた。これについても聞くことと同様で，第一次スクリーニングであるLDI-Rで，ある程度支援の必要性が認められたため，支援方針の柱として，校内支援委員会で検討していくこととした。

3 指導内容

(1) 配慮事項

①聞くこと

聞くことの困難さを軽減するために，以下のことをクラス内での配慮として行うこととした。

【クラス全体での配慮】

Bさんは，様々な聴覚刺激がある中では聞き取りが難しく，必要な情報を取り入れることが難しい可能性があったため，学習場面では，クラス全体として静かになるよう配慮した。例えば，机やいすの足に硬式テニスボールを切ったものをはめ，移動の際に大きな音が出ないよう工夫した（図2-3-2）。さらに，意

図2-3-2　テニスボール廃材の活用

見を言う際のルールを決め，誰に注目して話を聞けばよいかを明確にした。

【個人への配慮】

　指示の聞きもらしや勘違いを減らすために，可能な限りサイド黒板に持ち物や提出物などの指示を書くようにした。

　また，聞くことと同様に，不注意な面があったため，こまめな注意喚起を促すよう支援した。

②行動面

・注意集中の困難さが見られたため，座席を廊下側の前から2番目の席にし，担任が注意を促しやすい座席配置とした。一番前に配置すると，後ろの様子が気になってしまうため，Bさんの周囲には，モデルとなるような児童の座席を配置し，Bさんの注意がそれても，さりげなく注意してもらうようにした。

・多動な面については，職員室へのお使いや先生のお手伝いということで，立ち歩く場面を確保することや，本人の落ち着くグッズ（感触のよい小さなぬいぐるみなど）を準備し，座学での学習の際は，それを触りながら授業を受けることを認めた。

・担任との話の中で，Bさんの好きな話題について休み時間に話を聞いた時にはその後の授業で集中しやすいことが示唆された。そこで，昼休みにBさんの話を聞く場面を設定するため，保健室の先生と会話をする時間を確保した。

③社会性の面

・仲間と協力することが苦手であったため，掃除当番や係活動，給食当番においては，一人一役として，自分が何をすればよいかを明確に示すこととした。

・理科実験などでは全て自分でやりたくなってしまうため，実験前に，先生が役割分担し，Bさんも周囲の友だちも納得できる活動を心掛けた。

・友だちとのトラブルの際には，メモ用紙に図示することで，自分の思いと他者の思いの違いに気づかせる工夫を行った。

（2）指導

①聞くこと

- クラス全体でできる課題として，聞くことに集中しなければならない（よく聞いて行動する課題，例えば「ステレオクイズ」（岡田ら，2012））を設定し，朝の会の中や授業の隙間で実践した。

②行動面

- クラス全体での指導はなかなか難しかったため，通級指導教室においてSSTを行うこととした。自分自身がイライラしてしまう状況やケンカになる状況を通級担当者が聞き取り，よい行動について話合いを行った。そのうえで，イライラを解消する方法を通級担当者と検討することとした。
- 通級指導教室の小集団指導において，順番を待つ遊びにも取り組み，「待つこと」の大切さを伝えていった。

③社会性の面

- 自分の意見と他者の意見が食い違う場合に，認められないことが多く見られたので，通級指導教室の小集団指導場面において，他者と自分の意見が違うことを受け入れることができるような課題（例えば「みんなの意見deそれ正解！」（岡田ら，2014））を実施し，他者視点を促した。
- 人に肯定的に関わることの困難さも見られたため，「クラスの友だちのいいところを探そう！」という課題を全体で行い，友だちの良いところ探しを行った。その際には，漠然とクラス全体を見るのではなく，「今日は○○くんの良いところを探そう」と事前に伝えることで，着目しやすくなるよう工夫した。

（3）まとめ

　今回は第一次スクリーニングとして，LDI-Rを活用した。Bさんの困難さを客観的に示すことで，校内支援委員会の中で課題の共有化が図られ，主に学級での配慮について具体的支援に動き出すことができた。また，通級指導教室に

もつながり，支援を受けることが始まった。

　ただ，先にも述べたように，LDI-Rは一次スクリーニングに過ぎないため，通級指導教室につながったタイミングと同じ時期に，保護者からも同意を得て，直接検査も含めたより詳しいアセスメントを行った。それをもとに，さらに支援計画が練りなおされ支援を行うこととなっていった。

　LDI-Rの活用を通し，「わがままだ！」という理解から，「支援の必要な子かもしれない」というパラダイムシフトが行われ，Bさんの支援につながった。現在は，保護者・本人・医療機関など関係機関と連携し，本人の目標に沿って支援が進められている。そういった意味でもLDI-Rなどチェックリストを活用することで，支援の足掛かりとしたい。

【引用・参考文献】

上野一彦，篁倫子，海津亜希子（2008）LDI-R―LD判断のための調査票―手引き．日本文化科学社．

岡田智，森村美和子，中村敏秀（2012）特別支援教育をサポートする 図解よくわかるソーシャルスキルトレーニング（SST）実例集．ナツメ社．

岡田智，中村敏秀，森村美和子，岡田克己，山下公司（2014）特別支援教育をサポートするソーシャルスキルトレーニング（SST）実践教材集．ナツメ社．

第3章

流暢さと正確さに基づく支援の実際

総説 読み・書き・算数の処理と検査について

奥村智人・西岡有香

　読み，書き，計算の苦手さはLDの中核的な症状であり，その他の教科学習でも，どの年代でも求められる重要な学習に必要な基礎スキルである。以下に，読み，書き，算数にかかわる様々な脳内での知覚または認知的な処理，言語的な処理について述べる。

1 読みのプロセス

　読みのプロセスは，①視覚情報の取り込み・基本的な処理から始まり，②文字・単語レベルの文字情報から音への変換を行い，③文・文章レベルの意味理解へと移行していく。読みの問題の中核であるディスレクシアは，このプロセスの中の，②文字・単語レベルの文字情報から音への変換（デコーディング）が障害されていることが主な原因であると考えられている。国際ディスレクシア協会のディスレクシアの定義では，「ディスレクシアは，…（略）…その特徴は，正確かつ（または）流暢な単語認識の困難さであり，綴りや文字記号音声化の拙劣さである。」(Lyon, 2003〔宇野，2006〕)と説明されている。

　デコーディングのプロセスを経て言語や文脈理解といった最終的な③文・文章レベルの意味理解へと進んでいく。この文章の処理レベルでは，文の意味を

つなぎ合わせて処理するだけではなく，文章内に示されていないことについても推論を使って理解する処理や，心の理論（他者の感情や欲求など心の状態を推測すること）なども文章を理解するために活用される。読解をゴールとした読みのプロセスは，この文字・単語，文・文章レベルでの処理が並行して進行する過程と考えられ，さらに語彙が読みのプロセス全体に影響すると考えられている。

　日本語においても，読みのプロセスを評価できる検査が近年出版されており，現場で使うことが可能である。デコーディングを測定できる検査には，特異的発達障害 診断・治療のための実践ガイドラインの読み検査課題（稲垣，2010），改訂版標準読み書きスクリーニング検査STRAW-R（宇野ら，2017），小中学生の読み書きの理解URAWSSⅡ（河野ら，2017），音読・音韻処理能力簡易スクリーニング検査ELC（加藤ら，2016）などがある。これらの検査では，提示された文字や文字列，文，文章を被検者が読み，その速度や正確性を評価する。読解力や読解に関わるさまざまな能力まで測定できる検査には，包括的領域別読み能力検査CARD（奥村ら，2014），学齢版言語・コミュニケーション発達スケールLCSA（大伴ら，2012），KABC-Ⅱ習得検査の読み尺度（Kaufman & Kaufman, 2004〔日本版KABC-Ⅱ制作委員会，2013〕）などがある。これらの検査では被検者が単語，文や文章を読んで設問に解答し，内容の理解度を評価する。また，KABC-Ⅱの習得検査やLCSAのように読解力と関連が深い語彙力や言語能力の検査が含まれるものもある。

2 書きのプロセス

　単語の書きのプロセスでは，書く単語の音声を聞くまたは想起すると，①音の情報を単語の綴りに変換し，②文字形態を想起し，③運筆するための手の運動へと移行していく。

　読みのプロセスでは文字の形態的な視覚情報を音に変換する処理があったが，書きのプロセスでは，音声言語を構成する①音の情報を単語の綴りに変換していく処理がある。読みにおける「綴り→音（デコーディング）」と書きにおける「音→綴り（エンコーディング）」は，方向は違うが音韻意識を使った変換プロセ

スであり，一方に問題があると他方にも問題が起こる場合がほとんどである。このことから，ディスレクシアでは，読みの問題だけでなく，書きの問題も伴うことが多いと考えられている。

さらに，文字の形を想起するプロセスや運筆に必要な手や指の運動を調整するプロセスが続く。運筆には，目と手，手と指，右手と左手などの共同した動きである協調運動が必要となる。この協調運動に困難さがみられる発達性協調運動障害では，「書いた文字が乱雑になる」「枠におさめて文字を書くことができない」「文字を書くことに非常に時間がかかる」などの症状が出ることが多い。

書きのプロセスを評価できる検査には，改訂版標準読み書きスクリーニング検査STRAW-R（宇野ら，2017），小中学生の読み書きの理解URAWSS II（河野ら，2017），ひらがな単語聴写課題（村井，2010），KABC-II習得検査の書き尺度（Kaufman & Kaufman, 2004〔日本版KABC-II制作委員会，2013〕）がある。また書きのプロセスと関連が深い視覚認知の評価として『見る力』を育てるビジョン・アセスメントWAVES（奥村・三浦，2014）などがある。

3 算数について

算数には様々な要素が複合的に含まれるため，算数を学習するために必要な認知過程や認知能力は多岐にわたる。米国精神医学会による精神疾患の分類と診断の手引きDSM-5（American Psychiatric Association, 2013）では，SLD（限局性学習症）の状態像の中に「算数の障害を伴う」が設けられ，更に，その診断項目として，「ナンバーセンス」「（基礎四則演算の）暗算」「計算（筆算）の正確性や流暢さ」「数学的推論の正確さ」が設定されている。これを見ると，日本の小学校算数の指導分野の「量と測定」「図形」は含まれず，「数と計算」「数量関係」の分野が中心である。

算数文章題の解決過程には，問題から心的表象を形成する過程と，その表象に基づいて実際に問題を解いていく過程がある。複雑な構造をした文章題の場合は，部分と全体の関係を理解することが重要であり，さまざまな認知過程が関与することになる。さらに，「推論する」には，日本の小学校算数の「量と測定」「図形」分野も含まれており，この領域には推論するスキルに加えて，空間

を把握する視覚認知の能力も必要である。

　算数関連の評価ができる検査は，特異的発達障害 診断・治療のための実践ガイドラインの算数障害の症状評価のための課題・算数思考課題（稲垣，2010），KABC-Ⅱ習得検査の算数尺度（Kaufman & Kaufman, 2004〔日本版KABC-Ⅱ制作委員会，2013〕）などがある。

【引用・参考文献】

Lyon, GR., Shaywitz, SE., Shaywitz, BA. (2003) A difiniting dyslexia. Annals of Dyslexia. 1-14, 53.

稲垣真澄（2010）特異的発達障害診断・治療のための実践ガイドライン：わかりやすい診断手順と支援の実際．診断と治療社.

奥村智人，川崎聡大，西岡有香，若宮英司，三浦朋子（2014）包括的領域別読み能力検査CARDガイドブック．スプリングス.

加藤醇子，安藤壽子，原惠子，縄手雅彦（2016）読み困難児のための音読・音韻処理能力簡易スクリーニング検査ELC．図書文化社.

村井敏宏（2010）読み書きが苦手な子どもへの〈つまずき〉支援ワーク（通常の学級でやさしい学び支援2巻）．明治図書.

河野俊寛，平林ルミ，中邑賢龍（2017）小中学生の読み書きの理解　URAWSS Ⅱ．atacLab.

宇野彰，春原則子，金子真人，Taeko N. Wydell（2017）改訂版標準読み書きスクリーニング検査−正確性と流暢性の評価−STRAW-R．インテルナ出版.

Alan S. Kaufman & Nadeen L. Kaufman（著）(2004)，日本版KABC-Ⅱ制作委員会（訳編）(2013) 日本版KABC-Ⅱ．丸善出版.

奥村智人，三浦朋子（2014）『見る力』を育てるビジョン・アセスメントWAVES．学研教育みらい.

大伴潔，林安紀子，橋本創一，池田一成，菅野敦（2012）LCSA：学齢版 言語・コミュニケーション発達スケール．学苑社.

American Psychiatric Association（著）(2013)，高橋三郎，大野裕（監訳）(2014) DSM-5：精神疾患の分類と診断の手引き．医学書院.

事例
3

音読で逐次読みになる
小学3年のCさん

西岡有香

1 事例の概要

●基本情報

公立小学校の通常の学級に在籍する小学3年生の男子。週1回通級指導教室を利用している。

●主訴

ひらがな，カタカナ，漢字の読み書きができない。初めて読む文章では逐次読みになる。集中しにくく，じっとしているのが苦手である。

●生育歴

正常分娩にて出生。1歳半・3歳半健診ともに異常なし。初歩は1歳0カ月，初語は1歳1カ月。2歳頃はやんちゃな子どもだった。幼児期はよそ見をしながら歩くことが多く，よく転んだ。痙攣やてんかん発作の既往，入院歴はない。

●学習の様子

・聞く：教室では指示や説明を一度で聞き取ることが難しく，聞き返すことがある。しかし，1対1の場面では，聞き取った内容を覚えておくことができる。

・話す：授業中，当てられる前に話し始めることがある。話し言葉での奇異なところはない。

流暢さと正確さに基づく支援の実際 第3章

・読む：文章の音読に時間がかかる。音読では，逐次読みをするだけでなく，
文末を勝手に変えて読んだり，促音や拗音などを読み誤ったりする
ことが多い。見慣れた漢字は読めても，抽象的な単語の漢字を読め
ない。読み方が複数ある漢字の読みも誤りやすい。
・書く：促音や拗音などで書き誤りが多い。助詞の「は」「を」の表記を誤るこ
とがまだ続いている。漢字では，意味の似た別の漢字や，形が似て
いる漢字を誤って書くことが多い。
・計算する：計算は速いが，簡単な計算でミスがある。
・推論する：文章題を読んで，式を立てる時には読んだ内容を忘れている。
・行動／社会性：集中できにくい。じっとしているのが苦手である。

2 実施した検査と結果

（1）WISC-Ⅳ

　全般的な知的発達を確認するため，WISC-Ⅳを実施した。その結果を表3-2-1
に示す。全般的な知的水準は「平均の下〜平均」のレベルであり，ワーキングメ
モリー指標が他の指標得点に比べて5％水準で有意に低く，処理速度指標が他
の指標得点に比べて高かった（PSI＞WMI 5％水準，PSI＞VCI，PRI 15％水
準）。

（2）特異的発達障害診断・治療のための実践ガイドライン音読検査

　単音読み，有意味単語読みにおいて，速度（流暢性），誤数（正確性）とも低
下（−2SD）しており，無意味単語読みでは速度がやや低下（−1SD），誤数が
低下していた。漢字にふりがなが振られている単文音読では，速度は年齢相応，
誤数がやや低下という結果だった（表3-2-2）。

（3）小学生の読み書きスクリーニング検査（STRAW）

　STRAWではカタカナ単語の音読で正確性が低下していた。書取については，
ひらがな1文字，カタカナ1文字，漢字の書取は年齢相応であった。

表3-2-1　WISC-Ⅳ検査結果

	合成得点	90%信頼区間	記述分類
全検査IQ（FSIQ）	85	80-91	平均の下～平均
言語理解指標（VCI）	88	82-96	平均の下～平均
知覚推理指標（PRI）	87	81-96	平均の下～平均
ワーキングメモリー指標（WMI）	73	69-82	非常に低い～平均の下
処理速度指標（PSI）	102	94-110	平均～平均の上

表3-2-2　読字書字検査結果

検査名		成績	結果
ガイドライン音読検査	単音連続読み検査	速度：50.4秒，　誤数：4個	速度-2SD 誤数-2SD
	単語速読（有意味）	速度：40.1秒，　誤数：6	速度-2SD 誤数-2SD
	単語速読（無意味）	速度：69.6秒，　誤数：9個	速度-1SD 誤数-2SD
	単文音読検査	速度：9.1秒，　誤数：1個	年齢相応
STRAW単語読み	ひらがな	正答：20問	年齢相応
	カタカナ	正答：19問	-2SD
	漢字	正答：20問	年齢相応
STRAW書き	ひらがな1文字	正答：20問	年齢相応
	カタカナ1文字	正答：15問	年齢相応
	漢字単語	正答：15問	年齢相応
ひらがな単語聴写		清・濁・半濁音：19／20音節中 拗・長・促音　：11／15音節中	-1SD -2SD

　漢字の書取は2学年下の学習漢字が使われているが，Cさんは1年生の学習漢字課題で想定できなかった文字が3個，漢字を書いたが形を誤ったものが2個あった（表3-2-2）。

表3-2-3　CARD 包括的領域別読み能力検査結果

粗点から評価点への換算

	下位検査	粗点	評価点	Vo	プロセス		ドメイン				パーセンタイル	テスト年齢
					LP	HP	PR	WA	Syn	RC		
こ と ば の 問 題	ことば探し	5	5		5			5			5	<6:8
	ことばの意味	19	10	10							50	8:8
	聞きとり	15	2		2		2				<1	<6:8
	音しらべ	9	3		3		3				1	<6:8
文 の 問 題	文の読み①	11	8		8			8			25	7:2
	文の読み②	33	12			12			12		75	9:2
	文の読み②追加	41	11								63	9:2
	文の読み③A	4	9			9				9	37	7:8
	文の読み③A追加	7	10								50	8:8
	文の読み③B	7	10			10				10	50	8:8
	文の読み③B追加	9	10								50	8:8
	評価点合計			10	18	31	5	13	12	19		

評価点合計から語彙指数・プロセス指数への換算

		評価点合計	指数	パーセンタイル
語彙 (Vo)		10	100	50
プロセス指数	下位プロセス (LP)	18	62	1
	上位プロセス (HP)	31	102	55

（4）CARD包括的領域別読み能力検査

　語彙指数は100，上位プロセス指数も102で年齢相応だが，下位プロセス指数は62で，Cさんは文字－音変換（デコーディング）のスピードが低下していることが本検査でも指摘された。文・文章の読解では，Cさんは音韻経路ではなく語彙経路を使って文章を読み理解していると考えられた（表3-2-3）。

（5）LCSA学齢版言語・コミュニケーション発達スケール

　Cさんの聞く・話す力について評価をするために，LCSA学齢版言語・コミュニケーション発達スケールを実施した。結果は図3-2-1のプロフィールに示す通りである。「口頭指示の理解」「聞き取り文脈理解」では，1対1の検査場面だと聞

いたことを覚えておく力を発揮することができる。Cさんは文脈がある，視覚情報があると聞く力が発揮しやすくなると考えられた。

　話す力においては，「文表現」「対人文脈」「柔軟性」は年齢相応もしくはそれ以上の力を持っていることがわかった。一方，「音読」「音韻意識」は低いが「読解」ではCARDと同様，文脈を利用して読むため年齢相応の結果となっていた。

（6）ひらがな単語聴写課題

　拗音，促音，拗長音，拗促音の入ったひらがな単語聴写課題を行った。結果は図3-2-2に示すように，拗促音での誤りが目立った。音韻意識の弱さに起因

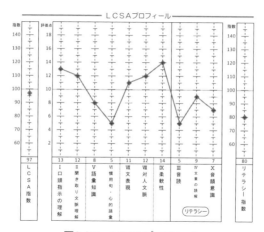

図3-2-1　LCSAプロフィール

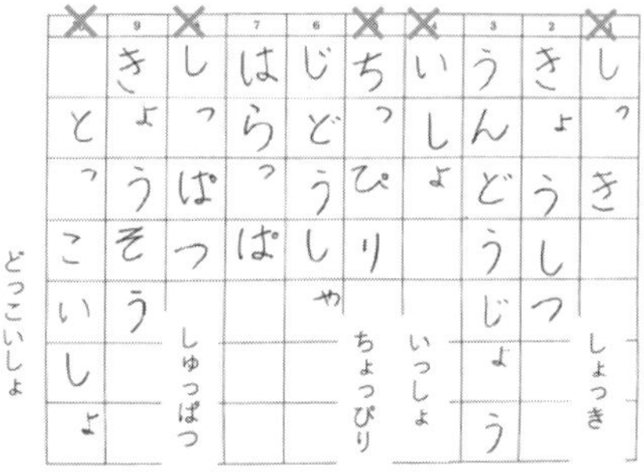

図3-2-2　ひらがな単語聴写課題

すると考えられる。

　上記の検査結果からＣさんは，読みにおいては流暢性，正確性とも低下しているが，語彙が年齢相応にあることから，語彙力を使って文・文章の理解をしていることが確かめられた。一方，ひらがなの書きでは音韻意識の弱さが誤りに影響しており，特殊音節の表記が未定着であった。

　また，Ｃさんは検査中，着席はしているが手足の動きが多いことや，問題の聞き返しが多いことが観察された。一斉授業での聞き漏らしや漢字の書き誤りには，注意の問題が起因していると推定された。

3 配慮事項

　読みの流暢性，正確性の弱さへの対応として，通級指導教室によりDAISY教科書を導入して，内容理解への負担を軽減する。テストでは，問題文の漢字部分にふりがな付きのものを用意してもらう。

　板書では教師が書きながら読み上げる配慮を行い，Ｃさんが読めない漢字を写す際にひらがなでもよいこととする。教師は通常学級内での指示や説明はシンプルな文ですることを意識し，具体物や図など視覚的手がかりを多用する。また，45分の授業がどのように進むかをミニ黒板上に項目として示し，起立させたり，机上の整理整頓をする時間を設けたりすることで注意の切り替えができるよう配慮する。

4 指導

（1）読み（家庭，通級指導教室で実施）

・通常学級で学習する内容について，学習環境を整えた家庭でDAISY教科書を用いて国語と社会について予習をし，学習内容のイメージをもって授業に臨む。その際，読めなかった漢字には教科書にふりがなを振っておく。
・通級指導教室において，漢字や句読点を手掛かりとして意味のまとまりを

見つけ，スラッシュを入れる練習をする。
・教科学習で使う漢字熟語の読みと意味を確認する。次に確認した熟語の入った文を提示し，文の意味を考えさせる。
・国語，社会の教科書の中で，読み誤りやすいところに印をつけ，注意して読む練習をさせる。

（2）書き（通級指導教室で実施）

・特殊音節の表記ルールを整理して確認し，モーラ数を意識させて聴写の練習を行う。通常学級で既出の熟語にふりがなを振る課題を宿題として行い，熟語に多くなる拗音，拗促音，長音，拗長音を誤らずに筆記させる。
・カタカナ50音表を横におきながら，カタカナで表記することばを使った書字練習をさせ，カタカナの定着を図る。
・漢字については，Cさんの強い語彙力を活かした漢字の覚え方を教える（偏と旁などパーツにわけて意味づけする等）
・文字の誤りを見つける練習を行い，自分で書き誤りがないか点検する態度の形成を図る。

（3）注意の問題に対して

・注意の問題に対しては，医療機関で診断を受け投薬によるコントロールの可能性を検討する。
・高学年になれば学習の方略を教え，見直しの仕方や誤りを減らすための工夫などを教える予定であるが，現在は，集中できているときやよい姿勢で学習に取り組んでいる時に褒める関わりを行っていく。

5 まとめ

　Cさんは，文字－音変換（デコーディング）に習熟していないことから，ひらがな部分で逐次読みとなり，読み速度は同学年の児童の平均と比較して明らかに遅い状態であった。一方，漢字は語のまとまりを見つける手がかりとはなるが，1つの文字に対して読みが複数あることが記憶できておらず，読み誤りに

つながっていた。Cさんは環境調整により聞く力と語彙力の強さを活かすことができるため，読み上げソフト（DAYSY教科書など）の導入を図り，家庭学習では予習を中心とし，当該学年の教科学習の理解が遅れないように配慮した。その結果，単元テストでは国語，社会とも80点以上の成績を出すことができ，Cさんの自信につながった。

　ひらがなの書き誤りは，読みの問題に起因しているものと，ワーキングメモリーの弱さによる脱字によるものであった。画数が多い漢字においては，新出時に文字の形を正確に覚えられていないために想起ができないと考えられた。機械的に書いて覚えるのではなく，漢字の成り立ちや意味を考えさせて記憶させるなど，漢字の覚え方を工夫した結果，2年生の学習漢字は誤らずに読めるようになり，漢字のまとめテストでは合格点の80点を上回り，86点を取ることができた。特殊音節の表記については通級指導教室でルールを整理して学習し，漢字熟語にふりがなを振る過程で，漢字の読みとひらがな特殊音節の表記の確認を行った結果，特殊音節の表記の誤りはみられなくなった。

【引用・参考文献】

Wechsler, D.（著），日本版WISC-IV刊行委員会（訳編）（2013）日本版WISC-IV知能検査．日本文化科学社．

稲垣真澄（2010）特異的発達障害診断・治療のための実践ガイドライン：わかりやすい診断手順と支援の実際．診断と治療社．

村井敏宏（2010）読み書きが苦手な子どもへの〈つまずき〉支援ワーク（通常の学級でやさしい学び支援2巻）．明治図書．

奥村智人，川崎聡大，西岡有香，若宮英司，三浦朋子（2014）CARD 包括的領域別読み能力検査．ウィードプランニング．

大伴潔，林安紀子，橋本創一，池田一成，菅野敦（2012）LCSA：学齢版 言語・コミュニケーション発達スケール．学苑社．

宇野彰，春原則子，金子真人 他（2006）小学生の読み書きスクリーニング検査：発達性読み書き障害（発達性Dyslexia）検出のために．インテルナ出版．

事例 4

事例 4 計算と文章問題が苦手な 小学5年のDさん

増本利信

1 事例の概要

●基本情報

　小学5年生女児，通常学級で通常の教育課程を履修している。週に1度，LD通級指導教室における個別指導を5年生の2学期から利用している。

●主訴

　算数の学習内容の理解と定着が難しい。

●生育歴

　保護者は，姉や妹との比較においても特に気になったことはなかったということである。また，これまでに病気，手術，事故などの既往はなかった。各健診で指摘を受けたことはなく，療育施設の利用もなかった。

●教育歴・相談歴

　学級担任から特別支援教育コーディネーターへの支援ニーズとして，2年生時に「計算の遅さ，作業自体の緩慢さがあり，学習理解に手間取る」ことが挙げられていた。その後，3年生4年生と指摘はなく，5年生になると「算数のつまずき」が頻繁に挙げられるようになった児童である。

　保護者への聞き取りから，低学年時に取り組んだ足し算と引き算の計算カード学習では定着に時間を要した。特に繰り上がりや繰り下がりが必要になると

40

つまずきが顕著であった。掛け算九九の定着は年齢相応であったが、筆算になったり、組み合わせなど手順が煩雑になったりすると難しい様子が見られたことの情報を得た。

●学習の様子

算数の学習に対する全般的な習得の遅れが見られる。計算問題では手順を押さえながら丁寧に指導することで解けるようになるが、新たな手続きが加わったり、数日経ってから取り組んだりすると混乱する姿が見られる。文章問題については、見当違いの立式と回答となっていても、自力で気づくことは難しい。

国語科の学習内容の理解は年齢相応であり、量は多くないが、漢字も交えて意味の通る作文を書くこともできる。自分の思いを積極的に話すことは少ないが、尋ねられたことに応えたり、原稿を作成することにより、日常の出来事を学級でスピーチしたりすることができる。

運動を好み、不器用さはみられない。対人関係でのトラブルはなく、仲の良い友人もいて年齢相応といえる。

2 実施した検査と結果

（1）WISC-Ⅳ

算数の困難さがあるDさんに対する評価として、全般的な知的発達とその傾向を把握するためにWISC-Ⅳを実施した（表3-3-1）。

全般的な知的発達は平均範囲にあり、ワーキングメモリー指標は高かった。言語理解、知覚推理指標については境界域から平均の範囲にあり、ややゆっくりとした成長をしていることが予想された。言語理解指標と知覚推理指標から得られる一般知的能力指標（GAI）は全検査IQに比べ低下が見られた。

検査時の様子からは全般的に回答に時間を要すること、早く見比べて判断する課題では誤答が複数見られたことが特徴として挙げられた。

表3-3-1　WISC-Ⅳの結果

	合成得点	%順位	信頼区間(90%)	記述分類
全検査IQ	93	32	88−99	平均の下−平均
言語理解指標	84	14	79−93	境界域−平均
知覚推理指標	82	12	77−91	境界域−平均
ワーキングメモリー指標	123	94	114−128	平均の上−高い
処理速度指標	99	47	91−107	平均
一般知的能力指標	81	10	76−88	境界域−平均の下

表3-3-2　WAVESの結果

	指数	%順位
視知覚・目と手の協応総合指数	112	79
目と手の協応（全般）指数	109	73
目と手の協応（正確性）指数	120	91
視知覚指数	101	53

（2）WAVES, DEM

　学習の様子において，筆算の苦手さや図形の問題を含めた全般的な算数の苦手さがあること，WISC-Ⅳ検査の，記号探し課題において誤答が複数見られたことから，眼球運動および視覚認知機能の特徴を把握するために，WAVES及びDEMを実施した。

　視知覚と目と手の協応については，WAVESにおいて年齢相応の能力が見られた（表3-3-2）。

　眼球運動については，DEMにおいて全般的に時間を要する傾向が見られた（表3-3-3）。不規則に数字が配列され眼球運動に負荷をかけたTime3を規則配列されたTime1＋2で徐した比率については年齢標準値内にあることと誤り数が多いことから，Dさんの眼球運動は年齢相応であるものの，数字を読み上げる呼称速度と正確性の低下が予想された。

流暢さと正確さに基づく支援の実際 第3章

表3-3-3 DEMの結果

	記録	年齢標準値
Time1+2	38.2秒	24−35
Time3（調整値）	48.8秒	32−47
間違い数	8個	0−1
比率	1.28	1.08−1.44

表3-3-4 CARDの結果

		指数	パーセンタイル
語彙		90	25
ドメイン指数	音韻経路	97	42
	単語の活性化	118	88
	統語	85	16
	読解	94	34

（3）CARD包括的領域別読み能力検査

　文章問題の読み取りの困難さが見られることからCARDを実施した。

　CARDの結果（表3-3-4）からDさんは年齢相応の語彙を有していることがうかがわれた。また読みのプロセスごとの指数得点において，音韻経路や単語の活性化などの下位プロセスにおいては年齢相応であったが，統語，読解といった上位プロセスにおいて低下が見られた。指数に大きな低下は見られなかったが，音韻経路や単語の活性化に比べると統語に低下が見られたことから，助詞の相違による意味の違いや使役の関係の理解など，文単位での読解において困難さを有していることが予想された。

（4）特異的発達障害診断治療のための実践ガイドライン　算数障害評価

　算数に関する苦手さが顕著なことから，本ガイドライン中の特異的算数障害診断の課題を実施した。この課題は計算障害の評価として①数字の読み，②数的事実の知識，③筆算手続きの知識の3課題と，算数的推論の障害の評価とし

43

表3-3-5　特異的発達障害診断のためのガイドライン　算数障害関連課題

課題名	課題内容	正確さ	回答時間
数字呼称	2桁まで		
	4桁まで		**
	5桁まで		**
数的事実の知識	1位数＋1位数	**	**
	1位数＋1位数（繰り上がり）		**
	1位数－1位数	**	**
	1位数×1位数		
	2位数÷1位数		
筆算手続きの知識	2桁＋1桁		
	2桁＋2桁	**	**
	2桁－1桁	**	
	2桁－2桁	**	
	2桁×1桁		
	2桁÷1桁		
算数思考課題	集合分類（クラス化）	**	
	集合包摂（順序）	**	
	可逆性	**	

＊＊＝＞平均値＋2標準偏差

　て算数思考課題からなり，知的発達など，他の評価と関連付けながら考察することで，どの段階が子どもの算数の難しさの問題となっているのかを見極め，介入の方向づけに活かせる資料を得ることができるものである。

　表3-3-5に示す本検査の結果から，①数字の呼称速度に低下が見られること，②足し算と引き算の数的事実の知識に基づく処理が十分に自動化されていないこと，③いくつもの段階を積み重ねていく計算の手順が身につきにくいこと，④文章題を解くことの困難さを有していることが推察された。

　これらの評価結果から，Ｄさんの特徴として，全般的な知的発達は平均域にあるものの，言語理解や知覚推理といった授業内容を理解したり，応用問題を解いたりする能力は平均の下ないし低い水準にあり学習の困難さの主因であることが予想された。

　また，算数の困難さに影響を及ぼしている要素として，数字の呼称速度の遅さ，簡単な計算が自動化されておらず，暗算で行うことが難しいこと，計算の

流暢さと正確さに基づく支援の実際 第3章

表3-3-6　個別の指導計画

X学期の目標	長期目標：1位数の計算を暗算でできる。		
	短期目標（通常学級）	短期目標（家庭）	短期目標（通級教室）
	①足し算の10ます計算を1分以内に全問正解する。 ②当該学年文章問題の立式ができる	①ランダムに組み替えた計算カードに毎日取り組む ②数の概念を高めるグラムの概念	①計算カードを全て1分半で終える ②平易な文章問題を理解して立式できる。
	指導の手立て	指導の手立て	指導の手立て
	①足し算の10ます計算を毎日実施する ②問題の状況を視覚的に提示したり，動作化したりすることでイメージを持たせる。使役の関係など丁寧に説明を行う。	①繰り上がりや繰り下がりの計算を混ぜてクリップする　毎日取り組む夕食前　母の料理中 ②料理の手伝いを積極的に体験させる　スケールを使って計量する役目を与える	①時間を図り，計測値を表にまとめながら，時間の推移を確認する。補数表を確認し，提示して行う。 ②文章問題を絵に表して関係を把握したり，場面の状況を表した絵を見て問題文を書いたりする。
	評価予定日：20XX年X月		

手順が複雑になると正確性が低下することなどが挙げられた。

　加えて，算数的な思考を有する文章問題については全般的に困難さがあり，その要因として，助詞の違いによる意味の理解や使役の関係の理解などの難しさを有していることが予想された。

3 指導内容

　評価をもとにDさんに対して，在籍学級担任，保護者，通級指導教室担当で協力して指導を行なった。その際に作成した個別の指導計画を表3-3-6に挙げる。筆者は通級指導教室担当として個別指導を行った。

（1）計算カードの取り組み

　1年生時に用いられる足し算と引き算の計算カードは，数字呼称や数的事実の理解や習得が弱い児童においてはその正確性と流暢性に困難を示すことが多い。しかし，多くの場合，繰り返し学習を行うことにより正確性が徐々に高ま

45

る。また，2年生となると掛け算九九の習得に時間や教師の意識が振り分けられることもあり，足し算引き算で苦戦した事実が忘れられやすいものといえる。Dさんにおいても1年生時に繰り上がり，繰り下がりの定着の悪さが見られたものの，補充指導は受けておらず，現在に至るまで困難さを有していることが予想された。

週に1度実施した通級指導教室における個別指導においては，まず計算カードに取り組んだ。計算カードは，①足し算繰り上がりなし50枚，②足し算繰り上がりあり25枚，③引き算繰り下がりなし50枚，④引き算繰り下がりあり25枚とした。これらについて「出来るだけ早く答える」ことを意識して取り組ませ

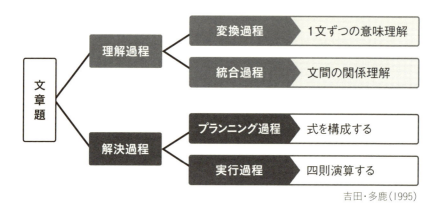

図3-3-1　文章題の解決過程

写真3-3-1　　　　　　　　　　　写真3-3-2

た。結果は一覧表に記入して推移を確認できるようにした。家庭でも計算カードへの取り組みを依頼しほぼ毎日練習を重ね，学級担任にも授業の導入で10ます計算を取り入れるなど，協力を得ながら取り組みを進めた。

指導当初は指を動かしながら答える様子が多く見られていたが，具体物を活用して補数の確認を行い，スラスラと補数を答えることができるようになってからは回答速度がより短くなっていき，指を動かすことも目立たなくなった。指導を開始して3ヶ月後には，目標としていた各計算カードを90秒以内に答えることができたことから（写真3-3-1），計算の自動化がある程度なされたと判断した。

（2）文章問題の立式

文章問題の解決過程4段階を図3-3-1に示した。Dさんにおいては文法理解の難しさがあり，使役など関係性の把握に苦手さがあることから，「変換と統合過程」に困難さがあることが予測された。従来の指導においても，文中における助詞に着目した指導は丁寧になされてきたと思われるが，Dさんについては，加えて文章問題の場面を想像し，実際場面をイメージして考えることが重要であると推定された。

そこでDさんの指導にあたっては，文中の数量の変化について場面の様子を思い起こさせる対話を行い，その後タイルを操作したり，イラストに表したりするなどして，具体的なイメージを持たせることを重視した。その際には教材として「算数文章題イメージトレーニングワークシート」（山田，2015）を活用した。この教材では平易な文章問題をイラストで表現したり，イラストで表現された数量関係から文章を書いたりすることを通して，児童の文章問題解決の技能を高めることが期待できる（写真3-3-1，写真3-3-2）。Dさんにおいても個別指導において適宜用い，学習を重ねることで，AとBを併せる「合併」，Aが変量してBになる「添加」「求残」，AとBの違いを求める「求差」について，題意を正しくとらえて立式することができるようになった。

【引用・参考文献】

奥村智人，三浦朋子（2014）『見る力』を育てるビジョンアセスメントWAVES. 学研教育みらい.

Garzia, Richman, Nicholson, Gains (1990) Developmental Eye Movement Test. VERNELL.

奥村智人，川崎聡大，西岡有香，若宮英司，三浦朋子（2014）CARD包括的領域別読み能力検査．株式会社ウィードプランニング．

稲垣真澄（編集代表），特異的発達障害の臨床診断と治療指針作成に関する研究チーム（編）（2010）特異的発達障害診断・治療のための実践ガイドライン：わかりやすい診断手順と支援の実際．診断と治療社．

吉田甫，多鹿秀継（編著）（1995）認知心理学から見た数の理解．北大路書房．

山田充（2015）算数文章題イメージトレーニングワークシート1：たし算・ひき算．かもがわ出版．

第3章 流暢さと正確さに基づく支援の実際

事例 5　書字の正確性に弱さのある
　　　　小学4年のEさん

三浦朋子

1　事例の概要

●基本情報

　公立小学校（通常の学級）4年生（9歳），女児。

●主訴

　書くのが遅く他児のスピードについていくことができない。書くことへの苦手意識も強くなってきている。

●生育歴

　3,354g，39週にて出産。周産期に特記事項なし。始歩，始語については保護者がはっきりとは覚えていないが，少し遅い程度だったとのこと。1歳半，3歳半健診では特に指摘なし。

●教育歴，相談歴

　保育所ではよく転ぶ，つまずくといわれた。コミュニケーションに問題はなく，友だちとも仲良く遊ぶ様子がみられた。

●学習の様子

　国語では，読解では問題なく平均点がとれていた。漢字テストは予告があれば前日に練習をしていくことで8〜9割正答できていたが，予告なく漢字テスト

49

表3-4-1　WISC-Ⅳ検査結果

	合成得点	90%信頼区間	記述分類
全検査IQ（FSIQ）	96	91−101	平均
言語理解指標（VCI）	109	101−115	平均～平均の上
知覚推理指標（PRI）	82	77−91	低い～平均
ワーキングメモリー指標（WMI）	103	96−109	平均
処理速度指標（PSI）	91	84−100	平均の下～平均

があると5割ぐらいの正答率になっていた。

　算数では，計算・文章問題ともに成績は平均だが，筆算では白紙の紙で計算をすると桁がずれて間違うことがあった。また，図形の問題では成績の低下がみられた。定規やコンパスをうまく使うことができなかった。

　クラスでは，自分から積極的に声をかけることはないものの，仲の良い友だちと遊んでいる姿がみられ，大きなトラブルもなかった。

　家庭では自分から宿題に取り組むものの，漢字学習や図形の宿題はしたがらなかった。

2 実施した検査と結果

（1）WISC-Ⅳ

　全般的な知的発達を確認するため，WISC-Ⅳを実施した。その結果を表3-4-1に示す。全般的な知的水準は「平均」のレベルであり，言語理解・ワーキングメモリー指標と知覚推理・処理速度指標の間に5%水準で有意な差がみられた。

　見本と同じ模様を再現する課題では斜め線の再現が難しく，いろいろ回転させて，偶然できた模様を使って構成していく様子がみられた。

（2）特異的発達障害診断・治療のための実践ガイドライン音読検査（ガイドライン音読検査）

　書きの問題を主訴としている場合でも，読みの問題が隠れていることはよく

経験される。そのため、ひらがな単音、単語レベルの読みの速度（流暢性）と正確性（デコーディング）に問題がないかガイドライン音読検査を実施した。速度・正確性ともに問題はみられなかった。

（3）改訂版 標準読み書きスクリーニング検査（STRAW-R）

ひらがな、カタカナ、漢字の読み書きの正確性を評価するために、STRAW-Rのひらがな・カタカナ1文字、ひらがな・カタカナ・漢字単語のそれぞれ音読と書取および漢字126語の音読を実施した。音読ではすべて問題がなかった。書取ではカタカナ単語、漢字単語で成績低下を認めた。漢字単語書取では大まかな形は想起できており、20問全て回答してはいるものの、細かい部分で形態的

図3-4-1　STRAW-R漢字単語書取での誤り（左から昼、黒、算数）

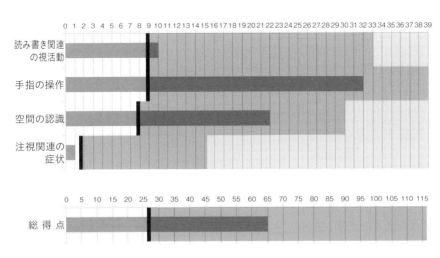

図3-4-2　VSPCLの結果

な間違いがみられた（図3-4-1）。また，回答欄からの文字のはみ出しが多くみられた。

（4）視覚関連症状チェックリスト（VSPCL）

WISC-Ⅳ, STRAW-Rの結果から，視知覚の問題が疑われたため，VSPCL（奥村, 2013）を保護者につけてもらった。その結果，「総得点」および「手指の操作」「空間の認識」の領域でカットオフポイントを上回り，図形を捉える力，手先の作業をする，広い空間を理解するような活動でつまずきが多く出ていることがわかった。（図3-4-2）

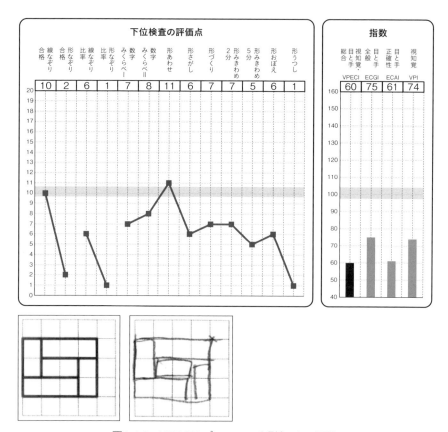

図3-4-3　WAVESプロフィールと形うつしの回答

（5）『見る力』を育てるビジョン・アセスメント WAVES

　VSPCLでみられたつまずきの原因を検討するため，WAVESを実施した。結果を図3-4-3に示す。線なぞり比率，形なぞり合格・比率，形さがし，形づくり，形みきわめ，形おぼえ，形うつしで成績低下を認めた。線なぞり・形なぞりの成績低下から目と手の協応が苦手であると考えられる。また，形さがし，形づくり，形みきわめ，形おぼえ，形うつしの成績低下から視覚認知が苦手であると考えられる。成績低下が顕著であった形うつしでは部分認知が顕著で形をまとまりとして捉えることの苦手さが認められた。

　上記の結果からEさんは，目と手の協応，視覚認知の弱さのために，漢字とカタカナの書字の正確性に問題が表れており，文字の形の崩れや図形課題の困難さにもつながっていると思われた。そのため，目と手の協応，視覚認知の弱さに対して配慮するとともに，Eさんにとって覚えやすい漢字の学習方法を個別の場で指導した。さらに，ビジョントレーニングにも取り組んだ。

3　指導内容

（1）合理的配慮

①書字

　書字の負担を軽減するため，授業中の板書や連絡帳の内容を書き写す作業を効率化するために，iPadで黒板を撮影してノートアプリGoodNotes5を活用してデジタルのノートを作成するなどの配慮を行った。

②図形課題

　以下のような配慮を行った。
- ・角度や長さなどの見比べはプリント上のみの比較ではなく，同じ角度，長さのものを用意し，描かれている線や図にあてて確認できるようにする。
- ・立体の図形は，描かれている形と同じ実際の立体を用意し，回転させたり，

触ったりして確認できるようにする。

（2）指導

①漢字練習

　Eさんは，視覚認知の弱さにより，漢字の構成要素の位置関係を把握したり，複雑な漢字の形を覚えたりすることの難しさにつながっていると考えられた。そのため，漢字の構成要素を言葉に置き替えること，書く順に唱えること，それから実際に書くという方法を指導することとした。

　最初は教師が漢字の構成要素を取り出しそれぞれに名前を付けるラベル付けのやり方を示した。やり方に慣れてきてからはEさんと相談をしながら主要な漢字に自分なりのラベル付けをしていくようにした。その他の漢字は，小学全漢字おぼえるカード（学研プラス，2017）を利用して漢字学習を進めた。この学習法では，漢字の構成要素を言語化して唱えることが中心であるため，書くのは漢字1文字につき1回のみで書字の負担は大幅に軽減されており，ストレスなく学習を進めることができた。

　また，既習の漢字で頻繁に誤りのある漢字は，小学全漢字おぼえるカードで言語化する文言が表す構成要素を再度確認するとともに，正しい見本の文字と本人が書き誤った文字を並べて，どこが違うか，言葉にして説明して一文字正しく書く練習を行った。

②ビジョントレーニング

　視覚認知，目と手の協応の弱さに対し，個別指導の場や自宅でビジョントレーニングにも取り組んだ。視覚認知の弱さに対しては，ジオボードやタングラム，点つなぎの課題に取り組んだ。

　Eさんは，書くことに苦手意識があること，見て書き写すことに弱さがあることから，まずは実際の空間で具体物を使った視覚認知の課題としてジオボードに取り組んだ。ジオボードは透明な板に5行×5列の合計25本のピンが立っており，1本から複数の輪ゴムをかけて図形を作成する教材である。見本を下にしいて同じ形を作成したり，見本を上（または横）において同じ形を作成したりする。Eさんは，見本と見比べただけでは違いに気づきにくかったり，ずれ

た場所に作ってしまったりしたが，見本に重ねて答え合わせをすることで間違いに気づき自分で修正することができた。回数を重ねることで，ずれた場所に作ることは少なくなり，難しい形でも間違えずに作ることができるようになった。ジオボードで練習をした後，点つなぎを課題とすると抵抗なく取り組むことができた。

目と手の協応の弱さに対してはペグボードやくるくるボード（knock knock 視覚発達支援トレーニングキット）など実際の空間で具体物を利用した練習から始め，その後プリント教材に取り組むようにした。

（3）まとめ

Eさんは，視覚認知，目と手の協応の弱さのために，漢字の書字困難，図形課題の困難が起こっていた。書字の負担を軽減したり，図形問題で具体物を用意したりする配慮や漢字の覚え方を工夫すること，ビジョントレーニングを行うことで，書字への抵抗は少なくなり，自宅での漢字練習にも意欲的に取り組むことができるようになった。また，漢字書字の定着も改善がみられるようになった。

【引用・参考文献】

Wechsler, D. (著)，日本版 WISC-Ⅳ 刊行委員会（訳編）(2013) 日本版 WISC-Ⅳ 知能検査．日本文化科学社．

稲垣真澄（編集代表），特異的発達障害の臨床診断と治療指針作成に関する研究チーム（編）(2010) 特異的発達障害診断・治療のための実践ガイドライン：わかりやすい診断手順と支援の実際．診断と治療社．

宇野彰，春原則子，金子真人，Taeko N. Wydell (2017) 改訂版標準読み書きスクリーニング検査：正確性と流暢性の評価．インテルナ出版．

奥村智人，三浦朋子，中西誠，宇野正章，若宮英司，玉井浩 (2013) 学童期用視覚関連症状チェックリストの作成．脳と発達45 (5)，360-365.

奥村智人，三浦朋子 (2014)『見る力』を育てるビジョン・アセスメント WAVES．学研教育みらい．

学研プラス（編）(2017) 小学全漢字おぼえるカード．学研プラス．

第4章

つまずき分析に基づく支援の実際

| 総説 | 指導領域・指導目標の設定のための つまずき分析 |

小貫　悟・小笠原哲史

　子どもたちの多様なつまずきに対して，個に応じた指導や配慮を行うために
は，アセスメントを行うことが必要である。授業中の行動観察やテスト等成果
物の確認，チェックリストや認知検査などを用いて，包括的に子どもの情報を
集めて見立てることによって，より実態に近づくアセスメントが可能となる。特
にLD等特異的なつまずきを有する子どもに対して，WISC-ⅣやK-ABC Ⅱな
どを用いた認知能力の評価は支援に有益な情報を提供する。子どもがなぜつま
ずいているのか（why）に関する情報は，その背景要因を検討して，どのよう
に指導するとよいか（how）を明らかにする事に役立つ。認知能力の評価と併
せて，どこにつまずき（where），何を指導・配慮するか（what）も大事なテー
マである。本章ではこの学力のつまずきを明らかにし，指導や配慮内容を検討
する作業をつまずき分析と呼ぶ。

　図4-1に示すように，読みは文字を音に変換する作業から始まり，文字が連
なった単語を認識し，単語や単語をつなぐ助詞によって構成された文を理解し
て，文が連なった文章を理解する一連のプロセスによって構成されている。

　このように，いわば学力の全体マップを元に，子どものつまずきがどの段階
で生じているか明らかにすることは，指導や合理的配慮を効果的に行う上で有
益である。ボトムアップの視点から指導を行う場合，まず取りかかるべき内容

つまずき分析に基づく支援の実際 第4章

が明らかになり，次に取り組む内容の見通しを得ることができる。トップダウンの発想で合理的配慮を行う際にも，何をどこまで配慮するか検討する上で役立つ。マップの中で現在地と目的地を明らかにすることは，次に進むべき方向を決定し，進んでいる中で道に迷った際は，現在地を再確認し，改めて目的地までの道のりを検討することができる。マップを持たずにやみくもに進むだけでは，目的地にたどり着くまでに多大な労力を必要とすることは予想するに難くないだろう。

学習支援を行う際には，2通りのアプローチがある。国語や算数などの授業中に見られたつまずきそのものに対して，補充指導で対処することは，明日の授業への参加を促進する上で効果が見込まれる。しかし，LD等特異的な学習のつまずきを抱える多くの子どもは，今起きているつまずきに対する支援だけ

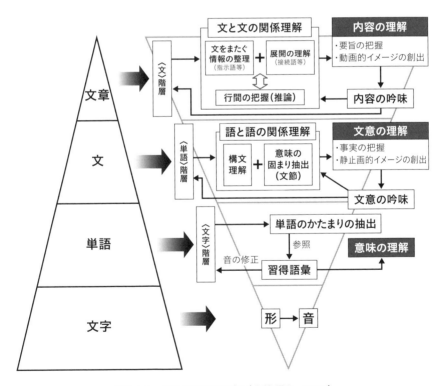

図4-1-1　読みの指導モデル（小笠原ら，2018）

では不十分であり，そのつまずきが発生するメカニズムを解明し，つまずきの元を考慮した支援が必要である。例えば，表面的には読解困難として見られている子どもが，実は単語の流暢な認識につまずいていて（単語を読むことに一生懸命になっていて），全体としてどのような内容が書かれていたのか，展開や要旨を把握するまでに至っていないことがある。算数の文章題が苦手な子どもが，算数の知識や技術を用いる以前に，文章を読んで出来事をイメージする段階でつまずいているように，読みのつまずきの影響を受けていることもある。

1つ目の例に対しては，単語の認識に対する指導や合理的配慮を行い，読解の土台を固めていくアプローチが必要であり，2つ目の例に対しては算数の文章題の前に読みに対する指導や合理的配慮を行うことが遠回りのように見えて，目的地までの最適な道のりかもしれない。

以上のように，どこにつまずき（where），何を指導や配慮の対象とするか（what）見立てるつまずき分析は，指導領域や指導の目標を設定することにつながり，なぜつまずき（why），どのように指導するとよいか（how）検討することは，指導方針の立案へとつながる（図4-1-2）。これらの情報を元に，個別

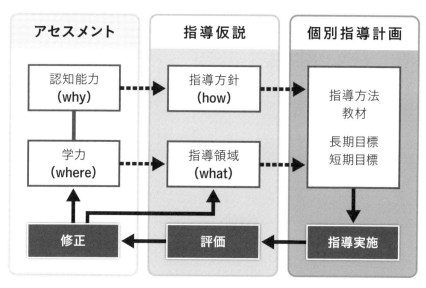

図4-1-2　アセスメントから個別指導計画作成まで

指導計画を作成し，一定期間の指導または配慮を行なった後に，評価を行い見立てや仮説を修正し，次の目標設定へと進むのがつまずき分析に基づく学習支援の基本設計である。

【引用・参考文献】

小笠原哲史・岡田真美子・林真理佳・小貫悟 . (2018) LD-SKAIP ステップⅢ（読み）の開発：背景理論と指導モデルの作成．LD研究．27（4），422-432.

> 事例
> **6** 読みにつまずきのある
> 小学4年のFさん

林　真理佳

1 事例の概要

●基本情報

　小学4年生男児。通常の学級に在籍。4年生の学級担任の勧めにより，読み書きに関するアセスメントを実施後，月2～3回の個別指導（1回約45分）を行う。これらの実践は，小学校の取り出しの時間を利用して行っている。

●主訴

　読み書きに困難がある。

●教育歴・相談歴

　健診での指摘や保護者からの相談は，特になかった。

●学習の様子

・読み：漢字の読みが苦手。音読はたどたどしい。文章の内容を読み取ることや，問題の意図を捉えることが難しい。
・書き：筆圧が安定せず，文字の形を整えて書くことが難しい。書けない漢字が多い。作文は短い文しか書けず，必要な情報が欠けたり，文法的な誤りがみられたりする。

つまずき分析に基づく支援の実際 第4章

2 評価結果

　本事例では，学力アセスメントを使用し，子どもの読み書きの学力の評価を行った。学力アセスメントのメリットとして，結果を見れば，子どものつまずきが読み書きのどのプロセスに生じているかを確認できること，学習指導を行う場合，指導内容や指導方法の立案に直結するような情報を得られること，学校現場で実施できるため迅速な評価が可能であること，等が挙げられる。また，検査でみられたつまずきの内容を分析することにより，その背景要因を推測することも可能であると思われる。本事例で使用した検査は，一般的な学習課題から児童のつまずきを明らかにする「LD-SKAIP ステップⅢ 読み検査・書き検査 (以下，SKAIP ステップⅢ読み・書き)」(日本LD学会，2018) および，読み書きに必要とされる力を評価するために筆者らが作成を進めている「原因チェックテスト (以下，Gテスト)」(岡田，2018；林，2019) である。

(1) 学力アセスメントの結果とＦさんの状態像との関連

　「SKAIPステップⅢ 読み」の音読課題では，読みつまりや読み直し，仮名単語や助詞の勝手読み，漢字の推測読み (具合→「どうぐ」，広げて→「あげて」，明日→「らいしゅう」) が，学年基準値よりもかなり多かった。また，行の最後ではいったん止まり，次の行を読み始めるまでに時間がかかっていた。Gテストでは，形の似た文字の並びから特定の文字を探す課題で，文字を見逃す誤りがあった。また，検査者が言った単語を逆から言う課題 (逆唱) は全問正答したが，単語の中の特定の1音を抜かして言う課題 (音削除) では，違う音を抜かしたり，2音を削除する誤りがあった。これらのことから，Ｆさんの音読のたどたどしさの背景には，眼球運動機能 (見たいものに視線を動かす，留める) や形の認知 (見たものを正しく捉える) の弱さ，音韻意識の弱さがあり，それによって，単語や文節のまとまりを視覚的に捉えるプロセスや，文字から音へ一対一対応で変換するプロセスにつまずきが生じていると推測された。また，漢字の読みについても，漢字 (文字) と読み (音) の結びつきが弱いため，意味や送り仮名等を頼りに読みを推測している状態であると思われた。

　「SKAIPステップⅢ 読み」の読解課題は，文章の内容に関する質問 (音声提

61

示）に口頭で回答する課題であり，Fさんの誤答数はすべての項目で学年基準値を超えていた（全9問中7問誤答）。誤答反応は，「わからない」もしくは，問われている内容に合わないちぐはぐな回答（例：〈マジックで使うものは何ですか〉→「つまようじが消えてしまいました，と言います」）のどちらかであった。「SKAIPステップⅢ 書き」の作文課題では，書き出しと終わりがつながっていない文が，学年基準値よりも多くみられた。Gテストでは，単語レベルの意味理解に関する課題（類義語の選択）は全問正答であったが，文や文章レベルの内容理解に関する課題（修飾－被修飾，接続助詞や接続詞，指示語等）に誤りが目立った。これらのことから，Fさんは，単独で提示される単語の意味理解には大きな問題がないと推測される一方，文や文章の中にある複数の語や文の関係性を理解することには困難があり，それが読解や作文（構文・構成）のつまずきを引き起こしていると推測された。その背景には，文法的な知識の不十分さや，複数の情報を整理し筋道立てて考えたり，因果関係を推論したりする力の弱さが影響している可能性がうかがえた。

　学力アセスメントからは，その他に，Fさんの書きの困難の背景として，前述の視覚機能の弱さに加え，目と手の協応（見ている情報と体の動きを連携させる），力加減を調節することの苦手さがあるとことが推測された。

（2）学力アセスメントの結果に基づく個別指導の方針

　個別指導では，まず，文章を読むために必要な基礎的な力を向上させることをねらいとして，以下の3つの指導を行うことにした。

●指導1：文章の読みづらさを軽減させる

　パソコンの読み上げソフト（Microsoft Word読み上げソフト「和太鼓」）を使用し，文章を見やすくする環境調整（画面表示の設定）と，文節のまとまりを認識する力や文字を音へ変換する力を養うための音読練習を行うことにした。

　視覚機能や音韻意識に弱さをもつFさんが，文節のまとまりを視覚的，音声的に正しく捉えられるように，教材には分かち書きで入力した文章を用意し（Wordで作成），読み上げとそれに伴うハイライト表示が文節区切りで行われるようにした。また，指導の成果がFさんの日頃の学習に反映され，モチベー

ションに結びつくように，国語の教科書の文章を授業の進度に合わせて使用した。

●指導2：漢字を正しく読む

　Fさんの中では比較的良好であると推察された単語レベルの意味理解の力を利用し，漢字（形）－読み（音）－意味を関連づけて覚えさせる漢字単語の読み指導を行うことにした。

　Fさんは，読めない漢字を推測して読み間違えることがあったため，始めにターゲット漢字の読みだけを答えさせる課題を入れることにより，誤学習をさせず，最初から正しい漢字と読みの対応を身につけられるようにした。

●指導3：文法の学習を通じて，単語や文の関係を理解する

　Fさんに不足している文法知識を習得させながら，語と語や文と文の関係について理解を図っていくことにした。本報告では，接続詞でつながる二つの文の関係についての指導を取り上げた。

　この指導では，多くの情報の処理や推論が苦手なFさんに，文と文の関係性の理解を促すため，以下のような配慮をした。1回の指導で取り上げる接続詞の種類は2つまでとし，種類ごとに色分けをした（例：順接…青，逆接…赤）。例文や問題文は，一文を短くし（2〜3文節），身近な内容で，抽象的な表現を避けるようにした。また，イメージの助けとして，文の内容を示すイラストを用いた。課題を実施する際には，文字の読み書きの負担を減らすため，指導者が教示文や問題文を読み上げたり，書く作業が大変なときは口頭で回答してもらったりした。

3 指導内容

●指導1：文章の読みづらさを軽減させる

　最初に，パソコン画面の表示設定（フォント，文字の大きさや色，文字や行の間隔，背景色）と読み上げ音声の速度を，Fさんの見やすさ，聞きやすさに合わせて調節した。それから，パソコンの画面に表示された文章を見ながら，読

み上げられる音声に続いて音読する練習をした。

　最初の頃は，読み上げの正しい音声を聞いても，漢字が読めなかったり，語末や文末の勝手読み（例：言いました→「言った」）をすることがあった。漢字については，ふりがな付きの文章の方が読みやすいということで，すべての漢字にふりがなを付けて練習を行うようにしたところ，全体的に読みがスムーズになった。勝手読みについては，練習を重ねるにつれて減少したものの，まったく無くなることはなかった。また，初回の練習では全体的に小さな声でボソボソと読んでいたが，2回目以降，大きな声ではっきりと読めるようになった。

　授業の少し前から新しい単元の練習を始めたため，一通りの内容を頭に入れて授業に臨めたことが，Fさんにとって有益であったようである。

●指導2：漢字を正しく読む

　最初に漢字が持つ意味を確認してから，漢字単語の中でターゲット漢字の読みだけを答えさせる課題（図4-2-1右上），漢字と読みの対応を意識させる課題（図4-2-1左下），ターゲット漢字を使う語を選ぶ課題（例：「動」を使う方はどっち？…うごく・はしる／うんどう・たいそう／いどう・どうろ）を行い，最後に漢字単語の読み課題を行った。順を追って進めたことで，Fさんはほぼ間違えずに取り組むことができ，また，その後の習得も良好であった。

●指導3：文法の学習を通じて，単語や文の関係を理解する

　接続詞の働きを図や例文等を使って説明してから，接続語に合う後続文を選ぶ課題（図4-2-2）や文脈に合う接続語を選ぶ課題等の選択式の問題を，文の前後の関係に注目を促しながら実施した。指導の最後には，接続語に合う後続文を考える課題を行い，理解度を確認した。

　選択課題ではいくつかの誤りがみられた。「今日は暑い。しかし，半そでのシャツを着た。」という誤答では，「半そでを着ること」→「涼しくするための手段」に結びつかないようであったため，「長そでを着ること」と対比して考えさせると理解することができた。このようなやりとりを繰り返した結果，接続語の前の文を受けて後の文がどう展開するのか，その関係性はだいぶつかめたようで，最後の課題では後続文をすぐに考えることができ，概ね正答であった。し

つまずき分析に基づく支援の実際 第4章

図4-2-1　漢字の読み指導で使用した課題

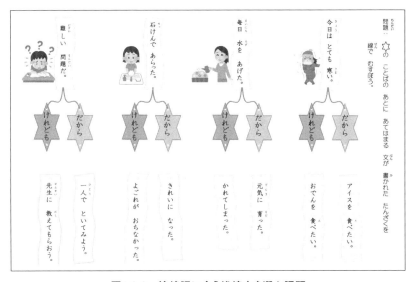

図4-2-2　接続語に合う後続文を選ぶ課題

かし，「とてもお腹がすいている。だから→ カニを食べたい。 」といったように，まだ完全な理解には至っていないと思われる回答もみられた。

4 まとめ

本事例では，読み書きの様々なプロセスにつまずきがみられた児童に対し，文章を読むために必要な基礎的な力を養うというボトムアップのアプローチで指導を行った。多くの情報の処理や推論に弱さをもつFさんに対しては，スモールステップで具体例を積み重ねるという指導方法が有効であったようである。しかしながら，認知能力の弱さに由来すると推測されるFさんの苦手さが，練習によって全く無くなるとは考えにくい。また，年齢が上がれば要求されることが増えるため，その都度1つずつ丁寧に積み上げていくことは難しいだろう。

今後は，読み上げ機能を代替手段として使用する，わからない漢字を調べられるようにする，長文を読み取る手立てを増やす等，Fさんが自分一人でも読む・書くことを可能にするための支援を行っていくことも必要であると思われる。

【引用・参考文献】
林真理佳（2019）読みに困難のある児童に対するアセスメント．明星大学発達支援センター紀要MISSION，4，65-89.
一般社団法人日本LD学会（2018）LD-SKAIP Learning Differences-Screening Kit for Academic Intervention Program LD（Learning Differences）の判断と指導のためのスクリーニングキット 操作マニュアル．
岡田真美子（2018）書きの学習に関するアセスメントの作成を見据えた予備的研究．明星大学発達支援センター紀要MISSION，3，55-65.

つまずき分析に基づく支援の実際 第4章

事例
7
書きにつまずきのある
小学2年のGさん

岡田真美子

1 事例の概要

●基本情報

公立小学校に通う小学2年生の男児である。

●主訴

作文や日記を書くことに時間がかかり，誤字やカタカナ，漢字の表記に誤りがよくみられる。書くことが全般的に苦手であるため，授業ではノートをとらない，宿題に取り組まない状態が続いている。

●生育歴

妊娠周産期，出産時ともに特に問題はなかった。運動発達，言語発達についても1歳半健診，3歳児健診ともに特に遅れはみられなかった。就園後は，周りの子どもに比べ文字への関心が薄い子どもであると保護者は感じていたが，自分の氏名は認識できており，書くこともできるようになったため特に気にしていなかった。

●教育歴・相談歴

3歳から公立幼稚園に就園した後，現在の公立小学校へ就学した。就学まで特に相談歴はない。就学後，文字学習でつまずきが生じ，小学1年生の2学期半ばに，カタカナの習得に時間がかかっていること，ひらがなでも板書の際に時

67

間がかかり，誤りも多く見られ，書くことが大変な様子が見られた。担任がG
さんに対し，授業内に個別的に声掛けを行いながら1年生を過ごし，相談機関
を利用することはなかった。2年生になり，校内で行われる読み書きアセスメ
ントを受けることを保護者が望んだため，評価を行うこととなった。

●学習の様子

　保護者，担任にGさんの普段の生活の様子から見られる学習，行動に関する
状態の聞き取りを行った。

　【聞く】日常会話は特に気にならない。授業中，個別に指示を出すことがある。

　【話す】特に気になる様子はない。

　【読む】音読は，ややたどたどしい様子が見られる。しかし，回数を重ねると
　　　　　流暢に読むことができる。

　【書く】作文や日記を書くことに時間がかかり，苦手である。カタカナや漢字
　　　　　の誤り，特殊音節が含まれる単語の誤りなど，表記の誤りが頻繁に見
　　　　　られる。板書は時間がかかり，遅れることが多々ある。

　【計算する】計算ルールは定着しているが，暗算には時間を要する。

　【推論する】特に気になる様子はない。

　【行動】書くことが苦手であるためか，授業に十分に参加できていないことが
　　　　　ある。

　【対人関係】特に問題はみられない。

　【運動】微細，粗大運動ともに気になる様子はない。

2 評価結果

　Gさんの学級担任に学習に関する質問紙を渡し，Gさんの学習について評価
を行った。また，Gさんに対しては，授業時間内を利用し，認知機能の評価及
び学習の評価を実施した。それぞれの評価結果は以下の通りである。

（1）認知機能評価の結果（WISC-Ⅳ）

　7歳8か月時にWISC-Ⅳを実施したところ，全検査IQ：95，言語理解：109，

知覚推理：93，ワーキングメモリー：88，処理速度：88であった。言語理解と他の3つの指標得点間で有意差（15%水準）が見られた。知的発達水準は平均域であり，Gさんの強みは言葉の積み上がりや言語を頼りに理解することであると考えられた。一方で，意味づけしにくい聴覚情報を記憶すること，視覚情報を一時的に記憶して作業をスムーズに正確に行うことに弱さが見られると考えられた。

（2）学習に関する質問紙（LDI-R）の結果

　学習に関する質問紙として，LDI-R（上野，篁，海津，2005）を用いて評価を行った。「聞く」「話す」「読む」「書く」「計算する」「推論する」「行動」「社会性」の8つの項目のうち，「読む」「書く」の2項目は「つまずきの疑い」と評定され，その他の6項目は「つまずきなし」と評定された。LDの可能性についての判定は，E型であり「LDの可能性はある」の判定であった。LDI-Rの結果から，Gさんに対し「読み」「書き」に関する詳細な評価を実施することにした。

（3）読み書きに関する評価の結果

　読み書きに関する評価として，①『URAWSS Ⅱ　小中学生の読み書きの理解』（河野ら，2017），②『特異的発達障害　診断・治療のための実践ガイドライン：わかりやすい診断手順と支援の実際』（稲垣ら，2010）の単語速読検査，③明星大学発達支援研究センターで用いている作文課題の3つの評価課題をGさんに対して実施した。

　『URAWSS Ⅱ』では，書き課題，読み課題の2課題を個別実施で行った。書き課題では，書いている際には声に出しながら一文字ずつゆっくり書いている様子が見られた。書字速度の評価はC（要精査）であり，書字速度は同年齢の児童に比べてゆっくりであることが明らかとなった。読み課題の評価は，B（要観察）の評価であった。

　『特異的発達障害　診断・治療のための実践ガイドライン：わかりやすい診断手順と支援の実際』の単語速読検査では，自己修正や語頭音の繰り返しはほとんど見られなかった一方で，有意味語，無意味語ともに全体的に音読に時間を要し，拗音が含まれる語では読み誤りや読み飛ばしが見られた。有意味語は59

秒（＋3SD），読み誤りは3個（＋3SD）であり，無意味語は73秒（＋1SD），読み誤りは5個（＋2SD）であった。

明星大学発達支援研究センターにてアセスメントとして用いている作文課題は，文字，単語，文，文章の4つの視点から子どもの特徴的な誤りを評価する課題である。Gさんは，文章レベルでは文章量や内容について年齢相応の作文ができているものの，特殊音節を含む単語の表記の誤り（文字が抜ける，文字順序の誤り）や，既習漢字が表記できていないなどの単語表記の誤りがみられた。また，文の表記では助詞の誤りや必要な言葉の不足などの状態がみられた。

（4）評価結果のまとめ

Gさんの普段の学習の様子や，実施したアセスメント結果の様子から，読み書きともに同年齢の児童と比べてつまずきが大きいことが確認された。読みに関しては，単語の読み，文章の読みの両方につまずきが表れていた。書きに関しては流暢性，特殊音節や漢字，正しい構文で表記することにつまずきがあるとの結果となった。Gさんの場合，特殊音節を含む言葉については読み書きともにつまずきが表れる結果となった。特殊音節のような1音—1文字対応となっていない聴覚的情報の分析，定着が苦手であることを背景要因として見立て，Gさんの強みである言語的意味づけを指導に取り入れることとし，特殊音節を含む言葉を正しく表記できることを目標に個別指導を行うこととした。

3 指導内容

（1）個別指導計画

Gさんへの指導はX年10月〜X＋1年2月までの間に，2週間に1度，1授業時間分を利用し，個別指導を行った。Gさんの個別指導計画は表4-3-1の通り作成した。指導内容は指導仮説をもとに決定し，書く作業を極力少なくするように配慮した。

つまずき分析に基づく支援の実際 第4章

表4-3-1　Gさんの個別指導計画

対 象 児：A小学校　　2年生　（男児）	
指導期間：X年10月〜X＋1年2月	指導頻度／時間：月2回／1回45分
指導形態：個別指導	指導者：指導補助員A
指導仮説：Gさんの普段の学習や読み書きアセスメントの結果から，読み書きの基礎学力となる単語の読みについては時間を要し，特殊音節になると多くの読み誤りが見られることが確認された。この状態は，特殊音節の音韻認識として求められる，意味づけしにくい聴覚情報の分析の弱さが背景要因であると推測される。特殊音節を含む単語を正しく表記できることを目標に，Gさんの強みである表記ルールの言語化を取り入れた特殊音節の読み書きの指導を行うこととする。	
指導方針： ・書くことに強く抵抗感があるため，Gさんに書かせる課題は少なくする。 ・個別指導内ではできた体験が多く持てるよう，指導内容を検討する。	
長期目標：特殊音節を含む単語を正しく表記することができる	
短期目標	課題
・拗音「○ゃ」「○ゅ」「○ょ」の表記を弁別することができる。 ・拗音を含む単語を正しく表記できる。	・ことばさがし ・ルールはなあに？ ・音めいろ ・どこに入るかな！？ ・今日のおさらい

（2）指導内容と経過

①指導経過 #1

　初回の指導は指導前のGさんの状態を確認するため，拗音の弁別（6つの拗音選択肢の中から指導者が言った音を1つ選択する課題），拗音単語の音読，拗音位置の判断（イラストとそれに対する拗音無しの文字列を見て，拗音が入る場所に●を書き込む課題）の3つの課題を行った。その結果，拗音の弁別課題では，1／5問の正答であった。拗音単語の音読は，21／23問の正答であった。"ちゅうがくせい"→"ちょうがくせい"，"りゅっく"→"りょっく"の誤りが見られた。全体的にたどたどしい読みであり，自信がない様子がうかがえた。拗音位置の判断課題は2／5問の正答であった。これらの課題から，拗音の音に対する表記が定着しておらず，読み書きともに誤りが生じている様子がうかがえた。

②指導経過 #2〜8

　指導では，拗音＜きゃ/きゅ/きょ＞，＜しゃ/しゅ/しょ＞，＜ちゃ/ちゅ/ちょ＞の音を扱った。それぞれを1回の指導でセットにして扱った。指導で行った課題は，①拗音を含む言葉の選択課題，②『多層指導モデル「読みのアセスメント・指導パッケージ」』(海津，2010)の指導方法を参照した拗音表記ルールの明確化，③音に合う絵，文字の選択課題(図4-3-1)，④特定の拗音を含む言葉の

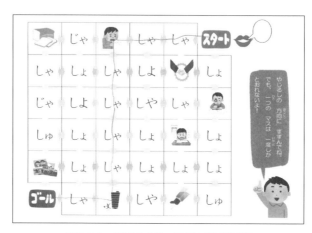

図4-3-1　音に合う絵，文字の選択課題

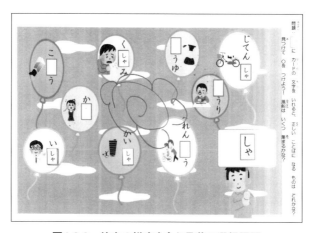

図4-3-2　特定の拗音を含む言葉の選択課題

選択課題（図4-3-2）の4つをそれぞれの拗音で行い，指導の最後にその日に扱った3つの拗音の復習として，⑤絵に当てはまる拗音表記の選択課題を行った。

③最終指導　#9

指導で扱った拗音について再認課題（絵を見て当てはまる拗音表記を選択する課題），再生課題（絵を見て当てはまる拗音を想起し，表記する課題）をそれぞれ35問ずつ行った。その結果，再認課題では35問全て正答となり，再生課題は32問の正答であった。再生課題では，提示されたイラストの名称の拗音部分を繰り返し声に出し，音の構成を分析しながら取り組む様子がみられた。

（3）おわりに

指導を進める中で，家庭学習として出されている日記に取り組むようになった。保護者によると，書くことには時間を要しているが，1人で頑張って書く姿が見られるようになったとのことである。特殊音節のルールを知る教材や特殊音節の有無，音の違いに意識を向ける課題を取り入れたことによって，Gさんも指導初回のような自信なく特殊音節を表記するのではなく，少しずつ自信を持って表記できるようになっていったのではないかと考えられる。ただし，Gさんの場合，読み書きの流暢性や漢字，文の書き誤りなどのつまずきがある。個別指導だけでなく授業時間内での支援についても，つまずきの背景要因を捉え，支援の方針を検討することが今後望まれる。

【引用・参考文献】

稲垣真澄，小林朋佳，小池敏英 他（2010）特異的読字障害 A診断手順．特異的発達障害の臨床診断と治療指針作成に関する研究チーム（編），特異的発達障害　診断・治療のための実践ガイドライン：わかりやすい診断手順と支援の実際．診断と治療社．pp.2-23.

海津亜希子（2010）多層指導モデルMIM 読みのアセスメント・指導パッケージ：つまずきのある読みを流暢な読みへ．学研教育みらい．

河野俊寛，平林ルミ，中邑賢龍（2017）小中学生の読み書きの理解 URAWSS II．atacLab.

上野一彦，篁 倫子，海津亜希子（2005）LDI-R―LD判断のための調査票―手引き．日本文化科学社．

事例
8

注意・集中につまずきのある
小学4年のHさん

小笠原哲史

1 事例の概要

●基本情報

公立小学校の通常学級に通う小学4年生の男子。

●主訴

文章の意味を正しく理解できない。

●生育歴

正常分娩にて出生。始歩は1歳前後でよく歩き回っていた。初語は1歳1か月。1歳半児健診，3歳児健診ともに指摘されたことはない。

●教育歴・相談歴

健診で特別な指摘はされなかった。幼稚園では「活発で元気な子」と言われ，特に問題行動も見られなかった。小学3年生から学習に遅れが見え始めるようになり，特に読解の誤りが多く見られた。個別の声かけ等の配慮によってできる時もあれば，できない時もあり，担任の先生が学習障害を疑い，保護者と相談した後，大学付属の相談センターに来所となった。

●学習の様子

聞く：話を聞いていなかったり，聞き間違えたりすることがある。聞き逃し

た場合でも，周りを見て動くことができる。

話す：おしゃべり好きだが，順序立てて話すことは苦手。

読む：音読はスムーズに行うことができるが，勝手読みがある。長い文章を読むことを嫌がる。正確に文章を理解することが苦手。

書く：字形は乱れているがひらがな，カタカナ，漢字を書くことはできる。漢字は線の過不足の誤りがある。

計算する：計算は速いが，ミスがある。

推論する：文章題を解くことはできる。

行動・社会性：課題に集中することが難しい。友人は多いがトラブルも多い。

2 評価結果

(1) WISC-Ⅳ

　読解の苦手さを主訴に訪れた男児（以下Ｈさん）に対して，まずは全般的な知的発達を評価するためにWISC-Ⅳを実施した。結果を表4-4-1に示す。

　検査中，Ｈさんは前向きに取り組んでいたが，30分ほどすると集中し続けることが難しくなった。5分ほどの休憩を2回取ることで課題を完遂することができた。

　全検査IQは平均～平均の上の範囲で，指標得点間に大きな差も見られなかった。Ｈさんの知的発達は年齢相応と考えられる。

(2) LDI-R

　次に，学校の様子について担任の先生にLDI-Rの評価を依頼した。結果を図4-4-1に示す。

　判定はＢ型であり，LDの可能性が高いことが示唆された。特に「読む」の質問項目はほとんどの項目が「よくある」と評価されており，学校場面で読みのつまずきが多く見られていることが確認された。また「行動面」「社会性」もつまずきありと評価されており，これらの要素が学習面に及ぼす影響も考慮すべきと考えられた。

表4-4-1　WISC-Ⅳの結果（10歳1ヶ月）

	合成得点	90%信頼区間	記述分類
全検査IQ (FSIQ)	107	101－112	平均～平均の上
言語理解指標 (VCI)	111	103－117	平均～平均の上
知覚推理指標 (PRI)	100	93－107	平均
ワーキングメモリー指標 (WMI)	100	93－107	平均
処理速度指標 (PSI)	107	98－114	平均～平均の上

（3）特異的発達障害診断治療のための実践ガイドライン音読検査

　読みの基礎的な力である流暢性と正確性を評価するために，特異的発達障害診断・治療のための実践ガイドラインの音読検査を実施したところ，単音連続読み，単語速読検査（有意味語・無意味語），短文音読検査，いずれも平均±1標準偏差内であった（表4-4-2）。読みの基礎的な力であるデコーディングの処理（流暢性・正確性）に関しては年齢相応の力を有していると考えられる。

（4）読みのアセスメント

　長文読解の力を評価するために，明星大学発達支援研究センターが用いている読みのアセスメントを実施した。読みのアセスメントは文章を音読し（音読課題），その内容に関する問いに答える（読解課題）構成となっている。子どもが音読している様子を録音し，検査実施後に読み誤りの評価を行う。評価は読解課題と合わせて文字・単語・文・文章レベルの計23項目で行う。評価項目及び結果を図4-4-2に示す。基準値以上のつまずきが見られた項目には×が表示

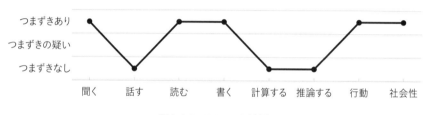

図4-4-1　LDI-Rの結果

つまずき分析に基づく支援の実際 第4章

表4-4-2　ガイドライン音読検査の結果（4年生）

課題名	成績	結果
単音連続読み検査	音読時間：29.4秒，　読み誤り：1個	年齢相応
単語速読検査(有意味語)	音読時間：26.3秒，　読み誤り：0個	年齢相応
単語速読検査(無意味語)	音読時間：49.0秒，　読み誤り：1個	年齢相応
単文音読検査	音読時間：9.8秒，　　読み誤り：0個	年齢相応

音読のチェックリスト

◆文字

①文字を音へ変換することが難しい	
○	特定の読めない文字がある （ひらがな・カタカナの清音）
○	〃 （ひらがな・カタカナの濁音・半濁音・拗音）

◆単語

②文中の単語をひとかたまりとしてとらえることが難しい	
○	逐字読みをする
○	単語の途中で区切る
③単語内で使用される特殊音節を音読することが難しい	
○	特殊音節の読み誤りがある （ひらがな・カタカナの促音・長音・拗長音）
④単語が読みにくい	
○	語頭音や始めの数文字を繰り返す
○	読み誤りに気付いて言い直す
⑤ひらがな・カタカナの単語を正しく読み、意味を把握することが難しい	
○	違う文字に置き換える
○	文字の順序を入れ替える
○	文字を抜かしたり、加えて読む
⑥漢字の単語を正しく読み、意味を把握することが難しい	
○	意味的に関連がある漢字、形態的に似ている漢字と読み間違える
○	文脈や送り仮名から読み方を推測し間違える
○	複数の読みを持つ漢字における読みの選択ミス

◆文

⑦助詞の読み誤りがある	
×	違う助詞に置き換える
×	助詞を抜かしたり、加えて読む
⑧ 文を正しく音読することが難しい	
×	文末を読み誤る
○	文中の単語をとばす
○	単語の順序を入れ替える
○	行を読み誤る

読解のチェックリスト

◆文章

⑩ 文章全体の内容をとらえることが難しい	
×	質問（範囲指定なし）：誤答
⑪ 文と文の関係理解が難しい	
×	質問（範囲指定なし）：誤答
⑫ 内容の吟味が難しい	
○	絵の選択：誤答

◆文

⑨ 1文の内容を正しく把握することが難しい	
○	質問（範囲指定あり）：誤答

図4-4-2　読みのアセスメントの結果

77

されている。

　Hさんは音読をスムーズに行うものの，助詞や文末の読み誤りが多く見られた。それらの読み誤りは文章の後半になるほど増えていった。A4サイズの紙1枚の文章であったが，文章の後半は集中し続けることが難しい様子だった。読解問題に答える際は，文章を見直す事なく答えていた。読解問題で誤答した問題に対して，問題の答えが含まれる一文を再度音読させた後，同じ内容の出題をすると全ての問題に正答することができていた。このことから，一文を読んで内容を理解する力を有していることが確認できる。読みのアセスメントの結果としては「違う助詞に置き換える」「助詞を抜かしたり，加えて読む」「文末を読み誤る」「文章全体の内容を捉えることが難しい」「文と文の関係理解が難しい」の5項目でつまずき有りと判断された。

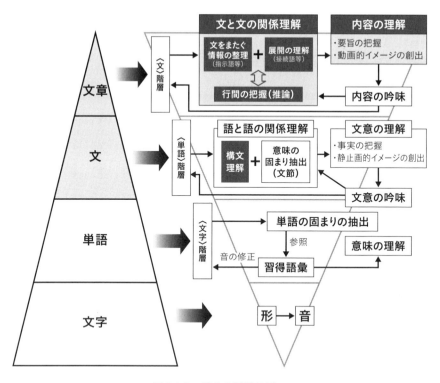

図4-4-3　読みの指導モデル

つまずき分析に基づく支援の実際 第4章

表4-4-3　個別指導計画

対象児：　H　　4年生　（男児）	
指導期間：X年7月〜X＋1年3月	指導頻度：週1回／1回50分
指導形態：個別指導	指導者：S（臨床心理士）
指導仮説 文字や単語をスムーズに読むことができ，一文を理解する力を有していることはHの強みである。しかし文章読解でつまずきが生じている背景には，助詞や文末の勝手読みといった形で現れる不注意の影響が大きいと考えられる。まずは短文を用いて，助詞によって文意が変わること（＝助詞が文意を決定すること）を理解させ，長文を読む際に助詞に注目しながら読むことができるように指導を行う。	
指導方針： ・単文と絵を用いて，助詞によって文意が変わることを気づかせる。 ・注意を向けられるように，一枚のプリントの出題数を少なく制限する。 ・読み誤りに気づくことを肯定的にフィードバックする。	
長期目標：文章の意味を正しく理解することができる。	
短期目標	課題
1）助詞によって文意が変わることに気づく。 2）主体的に注意深く読む体験を重ねる。	1）助詞に注目！ 2）間違い探し

　上記の結果から，Hさんは読みの基礎的な力は有しており，一文を理解する力も有していると考えられる。一方で，文章が長文になると助詞や文末の勝手読みが増え，結果として文章の内容理解も難しくなっていると考えられる。図4-4-3に示した読みの指導モデル（小笠原・岡田・林・小貫，2018）を元にHさんの読みの状態を考えると，文字・単語レベルではつまずきは見られず，文・文章レベルでつまずきが見られる。構文理解のつまずき（助詞や文末の捉え違い）は，Hさんにとって一文レベルでは影響は少ないものの，それらが積み重なることで文章読解を難しくしていると考えられる。また，検査中に短い時間は集中して取り組むことができたHさんであったが，WISCのように30分を超える検査となると適宜休憩が必要な様子も見られた。刺激が多い教室場面ではより注意・集中といった行動面の課題がHさんの学習に影響を及ぼしていることも推測される。

　そこでHさんに対しては，表4-4-3の個別指導計画に基づき指導を行った。

79

3 指導内容

（1）助詞の指導

　助詞によって文意が変わることの理解を促すために，絵（図4-4-4）の内容に合う短文を選ぶ課題を行なった。

（2）助詞に注意を向けて読む指導

　指導者が音読し，読み誤った箇所をHさんに指摘させた。先生と役割を交代することで，動機付けを高めた上で注意深く読む体験を重ねた。

（3）指導の様子

　助詞が変わることで文意が全く変わることを，2文を見比べることで気づき，楽しみながら取り組んでいた。後半では自分から問題文を考える様子も見られた。間違い探しについても毎回意欲的に取り組んでいた。最初のうちは指導者が音読し，Hさんが指摘する課題内容だったが，後半は「僕が読む！」と最初

図4-4-4

から自分で音読する様子も見られた。その中で、助詞の読み誤りに自ら気づいて言い直す様子も見られた。学校からの報告ではテスト時間を一杯に使って取り組む姿が見られるようになり、得点も伸びて、より学習に意欲的になる様子が見られているとのことである。

（4）まとめ

　Hさんは読解の苦手さを主訴に相談に訪れた。全般的な知的発達は年齢相応であり、個別に実施した読みの基礎的な力（流暢性・正確性）も年齢相応の結果を得ていた。しかし、教室でのパフォーマンスにはムラがみられ、場面によって発揮できる学力に差が見られる児童であった。担任はできる時とできない時のムラがあることから学習障害を疑ったが、Hさんは注意集中によって発揮できるパフォーマンスに差が見られるADHD的な要素が学習面に影響を及ぼしていると考えられた。特に長文を読む際に不注意傾向は顕著になり、勝手読みが多くなることによって、読解に影響を及ぼしていたと考えられる。「助詞に注目させる」指導を行うにあたり、Hさんの理解する力の高さを生かして、助詞の重要性の理解を促すことで、選択的に注意を向ける姿勢が芽生え、適切な文意理解に繋がってきていると考えられる。

【引用・参考文献】

稲垣真澄（編集代表）、特異的発達障害の臨床診断と治療指針作成に関する研究チーム（編）（2010）特異的発達障害診断・治療のための実践ガイドライン：わかりやすい診断手順と支援の実際．診断と治療社．

小笠原哲史、岡田真美子、林真理佳、小貫悟（2018）LD-SKAIPステップⅢ読みの開発：背景理論と指導モデルの作成．LD研究．27（4）、422-432.

上野一彦、篁倫子、海津亜希子（2008）LDI-R─LD判断のための調査票─手引き．日本文化科学社．

| 事例 9 | 筆算での計算につまずきのある
小学4年のIさん |

飯利知恵子・名越斉子

1 はじめに

　算数につまずきのある子どもを支援する上で大切なことは，「習得状況の把握（算数の知識やスキルがどこまで習得されているか）」と，「つまずき分析（なぜつまずいているのか）」である（表4-5-1）。これらの把握や分析は，ノートやテスト，行動観察（学習場面や会話の様子，対人関係など），子どもの様子をよく知る大人（保護者，前担任など）や本人からの聞き取りなどを通して，必要な情報を収集し行う。

　とりわけ，つまずき分析では，算数に関連する認知能力やその弱さがどのようなつまずき方となって現れるかを理解し，その観点をふまえて情報収集や行動観察を行うことが必要である。行動面の特性（衝動性，不注意など）や全体的な知的水準がつまずきの要因となる場合もあるため，生活の様々な場面に渡って情報を収集し，背景要因の仮説を立てることが大切である。また，その仮説はWISC-ⅣやK-ABCⅡなどの検査で検証することが望ましい。

　本章では事例を通して，つまずき分析による指導・支援について説明する。

2 事例の概要

●基本情報

　Iさん。小学4年生，女子。

つまずき分析に基づく支援の実際 第4章

表4-5-1　算数の支援を開始する前に把握すること

	ポイント
習得状況	・算数の基本的な知識やスキルがどの程度積み重なっているか。 ・つまずきが見られる学習領域はどこか。また，どの学年レベルからか。
つまずき分析	・どのような間違い方をしているか。 ・問題を解いているときの様子はどうか。（注意集中，衝動性など） ・その子どもなりに工夫している解き方や考え方はあるか。 ・つまずきの背景として考えられる計算・推論のプロセスやスキル，認知能力は何か。

●主訴（本人）

わり算の筆算が苦手。できるようになりたい。

●生育歴

保護者によると，運動面・言語面ともに気になる様子はなかった。

●教育歴・相談歴

健診で指摘されたことはこれまで一度もなかった。幼児期から，初めて聞いた言葉や長い言葉を言い間違ったり，覚えるのに時間がかかったりすることがあると保護者は感じていたが，相談したことはなかった。

●学習の様子

日常生活での物事の理解は年齢相応，会話における理解も問題ない。しかし，聞いたことを忘れたり，複数の指示を覚えきれなかったりすることがある。国語の音読はゆっくりだが，内容理解は問題ない。作文では「漢字を書いてると，何を書こうと思ってたか忘れる」と言って，書ける漢字をひらがなで書くことがある。算数では簡単な計算でも指を使って計算することがある。保護者によると「九九は家で猛特訓して覚えた」とのこと。今でも"○×1，○×2…"とその段の始めから唱えていることがあり，時間がかかる。対人関係は良好で，放課後は友だちとよく遊んでいる。衝動的な行動や多動な様子は見られないが，指

83

示の聞きもらしやうっかりミスなど不注意な面が見られる。運動面は問題ない。

3 Iさんの評価結果

（1）算数の習得状況

　数概念の理解や計算スキルの習得状況を確かめるため，1〜4年生レベル（既習単元のみ）の問題を実施した。数概念の理解は現在の学年レベルまで問題なかった。計算は，たし算・ひき算・かけ算それぞれ現在の学年レベルまで概ね80％ほどの正答率だったが，解くのに時間がかかった。また，筆算で計算する際にくり上がり・くり下がりの数を忘れて計算したことによる誤答が見られた。わり算は，横式で計算する3年生レベル（九九の逆さ，13÷4など商が1桁のもの）であれば正答率80％程だったが，筆算で計算する4年生レベル（78÷3など，商が2桁以上のもの）では50％未満の正答率だった。

（2）つまずき分析

　Iさんがわり算の筆算を解いている場面を観察し，以下の様子を把握した。
・ 商を立てる際，計算用紙の余白に九九を順にメモしながら考えていた。メモは“○×1＝△”のように式で書くのではなく，九九の答えのみを書いていた。筆算に商を書く際に九九の答えを書いてしまうことがあった。
・『立てる→かける→引く→おろす』の一連の流れで，一つ終わると手が止まり，次の手順にうつるのに時間がかかる様子が見られた。
・ ひき算でくり下がりがある際，くり下がりの数をメモせず計算していた。
　これらの様子と習得状況をもとに，計算スキル獲得のプロセス（図4-5-1），そのプロセス獲得に必要なスキルと照らし合わせて，つまずき分析を行った。

①数処理・数概念

　数処理は，数の3項関係（数詞-数字-物）の理解である。数概念は，数のかたまりや数量の大きさの理解に関する「基数性」と，順序としての数に関する「序数性」の2つがある。基数性の理解には同時処理（複数の情報をまとめて全体を捉える認知処理能力）が関わり，序数性の理解には継次処理（時系列に沿って一

つずつ順番に情報を処理する認知処理能力）が関わっている。Ｉさんの習得状況からは数処理・数概念の理解に問題は見られなかったため，このプロセスはつまずきの背景には関係していないと思われた。

②暗算

　暗算ができるようになるためには，「5や10までの数の合成分解を習得していること」，「数的事実（=答えが記憶されている簡単な計算（里見ら，2018））を記憶してスムーズに使える（=式の答えが記憶の中からパッと思い出せる）こと」が必要となる。数的事実の記憶とスムーズな使用には主に長期記憶やワーキングメモリーが関係しており，これらの認知能力に弱さがあると「簡単な数の計算でも指を使う」，「計算に時間がかかる」といったつまずきが現れやすい。以上のことから，Ｉさんが指を使って計算したり，九九を思い出したり，計算を解くのに時間がかかったりするのは，暗算に必要なスキルのうち「数的事実の記憶とスムーズな使用」が苦手であるためではないかと考えた。

③筆算

　筆算ができるようになる上で大切なのは，計算手続きの理解である。複数の手順を正しく理解しスムーズに遂行するには，様々な認知能力が必要となる（表4-5-2）。

　習得状況や学習の様子，行動観察の結果から考えると，Ｉさんは筆算の計算手順自体は理解しているものと思われた。また，横式から筆算に正しく変換することや，正しい位置に答えを書くことも問題ない。一方，既習の計算スキルをスムーズに思い出して用いることは，暗算の獲得プロセスで検討した通り，苦手だと考えられる。また，くり上がり・くり下がりの数を忘れずに計算するこ

図4-5-1　計算ができるようになるプロセス

表4-5-2　筆算と関連する認知能力（主なもの）

筆算で必要となる手続き	関連する認知能力（主なもの）
筆算の計算手順を理解する。	言語能力 継次処理 ワーキングメモリー
横式から変換して数字を正しく配置し筆算の式を書く。 正しい位置に答えを書く。	視空間処理
既習の計算スキルをスムーズに思い出して用いる。（九九 をすぐに思い出す，たし算やひき算を正確に行うなど）	ワーキングメモリー 長期記憶
くり上がり・くり下がりの数を忘れずに計算する。	ワーキングメモリー 注意力

とについても，確実ではないことがうかがわれる。このことから，Iさんがわり算の筆算でつまずいているのは，筆算に必要なスキルのうち「既習の計算スキルをスムーズに思い出して用いること」と「くり上がり・くり下がりの数を忘れずに計算すること」が苦手であるためではないかと考えられた。

（3）つまずき分析から導いた，わり算の筆算のつまずきの背景仮説

①ワーキングメモリーや長期記憶に弱さがあり，暗算・筆算のスムーズな遂行に困難がある

　暗算・筆算で確認されたつまずきは，いずれもワーキングメモリーや長期記憶が関連するものである。行動観察の際，次の計算手順に移るときに手が止まる様子が見られたが，これも「次に何をすればよかったかスムーズに思い出すことの苦手さ」を反映しており，記憶の力が関係していると思われた。日常生活の中でも，「聞いたことを忘れてしまう」，「複数の指示を一度で覚えきれない」といった記憶する力の弱さがうかがわれる様子が見られている。幼児期には言葉を覚えるのに時間がかかることがあったこと，九九を覚えるのに苦労したことも，この仮説の根拠になると考えられた。

②不注意の傾向があり，計算ミスをしやすい

　商を立てる際に九九の答えを書いてしまうことがあり，日常生活でも指示の

聞きもらしやうっかりミスをすることがある。このような傾向も，つまずきの要因の一つだろうと思われた。

（4）Iさんの認知検査結果

つまずき分析で立てた筆算のつまずきの背景仮説を検証するため，WISC-Ⅳを実施した（10歳8か月時）。検査中はよく集中して意欲的に取り組んだが，問題の聞きもらしや作業中のケアレスミスなど，不注意により生じたと思われる行動も見られた。

結果は，全検査IQ（FSIQ）= 92，言語理解指標（VCI）= 93，知覚推理指標（PRI）= 102，ワーキングメモリー指標（WMI）= 82，処理速度指標（PSI）= 96で，「平均」の範囲に位置しているVCI，PRI，PSIに対してWMIが「平均の下」の範囲にあり，Iさんの中で弱い能力であることがうかがえた。

これらのことから，計算のつまずきの背景にワーキングメモリーに弱さがあるという仮説は妥当であると判断した。不注意の傾向についても同様である。長期記憶の弱さについては今回の結果から断言することは難しいと考え，今後も普段の様子と照らし合わせながら確かめていくことを念頭において，指導・支援に当たることとした。

4 つまずき分析に基づく支援

（1）指導領域・学年レベル

習得状況とIさんの思い（主訴）をもとに，指導領域は「わり算」とした。たし算・ひき算・かけ算の筆算で見られたつまずきも，わり算の指導を通して扱うことが可能であると考えた。習得状況から，3年生レベルのわり算は概ねできていると判断し，4年生レベルから指導・支援をスタートすることにした。

（2）指導の目標

「計算途中のミスを減らし，わり算を筆算で正しく計算すること」

（3）支援の手立て

　ワーキングメモリーの弱さや不注意による計算途中のミスを減らすための手立てを，Ｉさんと一緒に話し合って検討した。まず，わり算の計算手順表を作成し，計算中は手元に置いて確認できるようにした。商を立てる際に計算メモに書いて考える方法はとても良いやり方であることを伝えた上で，商に九九の答えを書くうっかりミスを減らす工夫を話し合い，Ｉさんのアイディアで，計算メモは九九の答えのみではなく「（乗数）＝△」のように書いて取り組むことにした（例えば7×2＝14をメモする場合，「2＝14」）。また，くり下がりのミスを減らすために補助数字を活用する便利さについて理解を促し，「どこに書けばいいか分かればできるかも」というＩさんの意見をもとに，補助数字を書くマスが設けられた筆算式のプリントで練習することにした。これらの手立ては，練習を進める中で定期的に振り返り，うまくいかないときはその都度話し合ってより良い方法を検討することとした。

（4）まとめ

　Ｉさんはワーキングメモリーや長期記憶の弱さと不注意の傾向があることで，わり算の筆算のつまずきが生じていた。習得状況を把握し，つまずき分析を行うことで，効果的な支援方法の検討が可能となった。計算ミスを減らすための手立てをＩさんと話し合ったのは，問題に取り組む意欲や主体性を育むことをねらいとしたものである。

【引用・参考文献】

D. P. フラナガン，V. C. アルフォンソ（編），上野一彦・名越斉子（監訳）(2013) 第3章　算数の特異的LD，エッセンシャルズ新しいLDの判断．pp.45-68，日本文化科学社．

熊谷恵子・山本ゆう (2018) 通常学級で役立つ算数障害の理解と指導法．学研プラス．

里見恵子・筈廣みさき・今村佐知子 (2018) C-4「計算する・推論する」の指導．一般財団法人特別支援教育士資格認定協会（編）．S.E.N.S養成セミナー特別支援教育の理論と実践（第3版）Ⅱ指導．pp.97-112，金剛出版．

第5章

適切な仮説に基づく支援ツール
──LD-SKAIPの活用法

奥村智人・小笠原哲史

1 LD-SKAIPの概要

　第2章～第4章において，「適切な仮説に基づく支援」に必要なアセスメントについて事例を踏まえて解説してきた。これらのアセスメントを包括的におこなうには，様々な検査を準備する必要があり，多くの検査時間が必要となることが課題であった。このような現状がある中で，子どもにできるだけ負担をかけず，包括的に学習に関するアセスメントができるLD-SKAIP (Learning Differences Screening Kit for Academic Intervention Program) が日本LD学会によって開発・リリースされた。LD-SKAIPは，LDを始めとする様々な学び方を必要とする子どもの学力を適切にアセスメントすることと，現場の先生が使用できるツールであることの2つを大きな目的として開発された。LD-SKAIPは小学校1年生から6年生までを対象として，3つのステップから構成されている。実際に教育現場で起きているつまずきに基づき，チェックリスト形式で子どもの発達の概要を捉え（ステップＩ），正確性と流暢性の評価によって子どもの基礎的な学業的技能と認知能力を評価し（ステップＩＩ），日常的な学習課題を元に学力のつまずきを評価する（ステップＩＩＩ），これら3つのステップでLD-SKAIPは学習障害をはじめとする様々な学び方の特徴を持った子どもの評価を行い，個別の指導計画作成に繋げていくことを目指したツールである。結果の解釈や個別の指導計画作成に当たっては，WISC等認知能力検査や子どもの日頃の学習の様子も踏まえた解釈が求められる。ただし，検査の実施や結果の解釈に当たっては専門家のみならず，一定のトレーニングを受けた現場の先生が使用できることを目指している。LD-SKAIPといったツールを通して，LDの概念，検査結果の読み取り，個別指導計画作成のコツなどの知識や技術

の向上を図り，多様な学び方を必要とする子どもに最も近い先生が一番の支援者となることで早期発見早期介入を可能とすることを目指している。

（1）ステップⅠの概要

　LD-SKAIPステップⅠは，第2章で解説した「質問紙形式のスクリーニング」に相当するものであり，チェックリストを用いて子どもの発達の概要を捉えることを目的としている。iPadの専用アプリを用いて，子どもの様子をよく知る担任・教師等が質問項目に回答する。結果は自動集計され，本章後半の事例で示す図5-2のように出力される。質問項目はLDI-R（上野ら，2008）を元として，新たな項目も加わり作成されている。言語・聴覚系，視覚・運動系それぞれ3つのカテゴリーで結果が表示され，（A）精査必要なし・（B）経過観察・（C）精査必要の判定レベルが示される。判定レベルがB，Cの場合，ステップⅡ，Ⅲの検査を実施することを推奨している。

（2）ステップⅡの概要

　LD-SKAIPステップⅡは，第3章で解説した学力を支える「読み書き計算の流暢さ・正確さ（学業的技能）」や「認知能力」を評価することを目的としている。基本的な検査として読字・書字・計算の3検査が行われる。補助検査として音韻と視覚認知の検査が用意され，ステップⅠ・Ⅱの結果や子どもの状態に応じて選択的に実施する。いずれの検査も子どもが直接iPadを操作して回答する。子どもが直接iPadを操作することで意欲の向上，反応の正確な時間測定，結果出力の自動化を可能とし，検査の精度を高めている。ステップⅡの各検査の概要を表5-1に示す。

　ステップⅡでは読み書きや計算の正確性と流暢性を評価している。正確性と流暢性によって担保される学業的技能は，より高次な学習活動である読解や作文，算数やその他の教科学習を支える基礎的な学力であり，この点をステップⅡは評価している。また，これら基礎的な学力を支える主要な認知能力として音韻と視覚認知が補助検査として用意されている。

　実施結果は，図5-3，図5-4のように正確性と速度（流暢性）がパーセンタイルや評価点で表示され，両者の結果によって「（A）経過を見て，必要に応じて

適切な仮説に基づく支援ツール　第5章

表5-1　ステップⅡの検査の概要

	検査名	課題構成	評価する能力
読字・書字・計算検査	読字	①無意味語選択課題 ②文の読み課題	文字や単語を正確に素早く音に変換する能力
	書字	①ひらがな・カタカナ聴写課題 ②視写課題	書字の正確性（①）と流暢性（②）
	計算	加減乗除の暗算課題	四則演算の正確性と流暢性
補助検査	音韻	①RAN課題 ②無意味語復唱課題 ③音削除課題	呼称速度（①）と音韻意識（②③）
	視覚認知	①視覚弁別課題 ②視覚記憶課題 ③模写課題	視覚認知（①②）と図形構成（③）

再度評価を行う」「(B) 支援の必要性について検討する」「(C) 早急に状態把握を行い，支援を行う」の判定レベルで表示される。判定レベルがB，Cの場合，補助検査の実施やステップⅢに進むことが所見内で推奨される。

(3) ステップⅢの概要

　LD-SKAIPステップⅢは，第4章で解説した「つまずき分析」をおこなうためのアセスメントであり，一般的な学習課題を用いて学力を評価することを目的としている。読み，書き，算数の3つの検査で構成され，子どもに直接検査を行う。ステップⅠ・Ⅱの結果や子どもの状態に応じていずれの検査を行うか選択して実施する。ステップⅢの各検査の概要を表5-2に示す。

　読み検査は，文字を正確に読めるかといった文字レベルの評価から，内容の理解といった文章レベルの評価を行い，読みの力を包括的に評価することを目的としている。書き検査も同様に，文字単位の正確な書字からテーマに沿った作文を書くことができているかといった文章レベルまでの書きの力を評価している。算数は学習指導要領に沿った5領域で構成されており，子どもの状態に応じて領域を選択して実施する。図5-7に示すように領域ごとの習得状況プロ

91

表5-2　ステップⅢ 検査の概要

	検査名	課題構成	評価する能力
読み	音読課題	手紙文の音読	文字（2項目），単語（11項目），文（6項目）計19項目の評価項目に基づいた読みのつまずき
	読解課題	音読した文章の読解	一文の理解と文章読解の力
書き	作文課題	選択したテーマに沿った作文を書く	文字（3項目），単語（6項目），文（6項目），文章（5項目）計20項目の評価項目に基づいた書きのつまずき
算数	基本検査	①数概念 ②計算	学習指導要領に則った算数5領域の習得度
	補助検査	③量と測定 ④図形 ⑤数量関係	

フィールが正答率に応じて出力される。

　ステップⅢ読み・書き・算数の結果は，ステップⅠ・Ⅱの結果と連動して所見として出力される（図5-1）。

　学力のつまずきの背景には，様々な要因が影響していると考えられる。ステップⅢで生じた学力のつまずきに対しても，その背景には多くの仮説が考えられる。ただし，ステップⅠ・Ⅱを実施している場合には，Ⅰ・Ⅱの結果を参照することで，ステップⅢで生じた仮説を絞り込んだ形で所見が出力される。所見は図5-1に示すように，ステップⅢで実際に見られたつまずきである「ステップⅢの結果」に対し，Ⅰ・Ⅱの結果も踏まえた「つまずきの原因」が示され，「確認すべき点」や「指導の内容・方法」が表示される。これらの情報を元に，認知能力と基礎的な学業的技能と学力の関連の中で，どのようなつまずきが子どもに生じているか見立て，指導や配慮の内容を検討することになる。

2 LD-SKAIPの活用

　本節では，LD-SKAIPの具体的な活用について，事例（小学校4年生・男児）

を通して紹介したい。

(1) 事例の対象児について

①**主訴**：ひらがな・カタカナ・漢字の読み書きが苦手。内容はある程度理解できているようだが、音読がとても苦手。

②**家族構成・家族状況**：両親と本人・兄の1人・妹1人の家族。

③**生育歴・教育歴**：2,800グラム、満期正常分娩。1歳半・3歳半健診とも異常なし。初歩は1歳2カ月、初語は1歳2カ月。幼児期は、よそ見をしながら歩くことが多く、よく転んでいた（6歳までに左手を2回骨折）。

④**学級の状況・学級での様子**：クラスは担任の指導が行き届き、本児も授業中は落ち着いて話を聞くことができている。学習に対する意欲はあり、取り組む姿勢に問題はないが、読み書きに関して苦手意識が非常に強い。書く活動ではイライラしていることもある。計算にも時間がかかり、筆算も苦手。指示を聞いていなかったり、聞き間違えたりして、周りと違うことをしていることがある。回答を書く場所を間違うなどイージーミスが多い。

⑤**検査結果**：WISC-Ⅳの結果を表5-3に示す。全般的知能に低下はみられないが、ワーキングメモリーに成績低下がみられた。

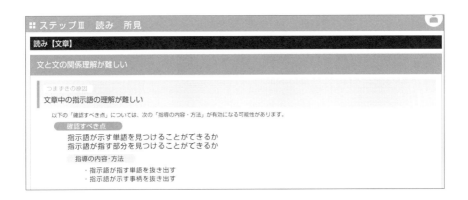

図5-1　ステップⅢ 読みの所見例

表5-3 WISC-Ⅳの結果

合成得点		値	%ile	90%信頼区間
全検査IQ	FSIQ	102	55	97-107
言語理解	VCI	123	94	114-128
知覚推理	PRI	100	50	93-107
ワーキングメモリー	WMI	79	8	74-88
処理速度	PSI	94	34	87-103

(2) LD-SKAIPによるアセスメント結果

①ステップⅠ

「基本的な目の働き」以外のすべての項目で精査が必要と判断されるレベルのつまずきがみられる(図5-2)。

②ステップⅡ

読字・書字に関する課題では、速度と正確性について全般的な成績低下がみられる(図5-3)。計算では、正確性に大きな問題はないが、速度で全般的な成績低下がみられる(図5-4)。

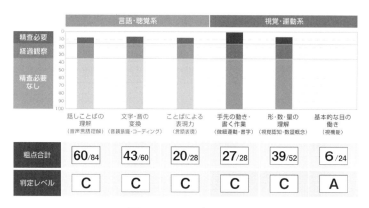

図5-2 ステップⅠの結果

適切な仮説に基づく支援ツール 第5章

③ステップⅢ「読み」
　単語レベルでは単語をひとかたまりで捉えることの弱さや読み間違いがみられ，文章レベルでは内容を捉えたり，文と文の関係を理解したりすることの弱さもみられる（図5-5）。

④ステップⅢ「書き」
　単語レベルで特殊音節の位置が異なる誤りやカタカナ表記の誤りが多くみられる（図5-6）。

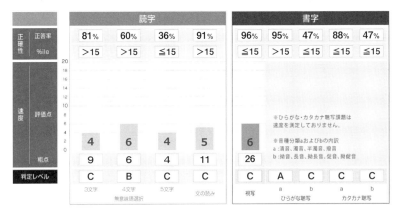

図5-3　ステップⅡの読字・書字の結果

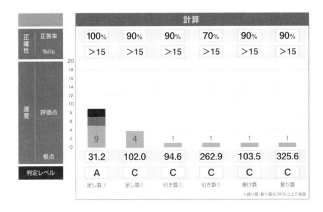

図5-4　ステップⅡの計算の結果

⑤ステップⅢ「算数」

2年生レベルの基本的な足し算，引き算，掛け算の計算はできているが，4桁以上の数字が含まれる足し算や引き算，二桁同士の掛け算や割り算，分数や少数の計算で成績低下がみられる（図5-7）。

⑥結果の解釈

LD-SKAIPの結果より，本児については，以下のような背景が考えられる

● ステップⅡ読字・書字課題において，文字レベルの読み書きに全般的な成績低下がみられる。ステップⅢにおいても，逐次読み，単語の途中で区切る読み，最初の数文字を繰り返して読むように，まとまりとして読めず，たどたどしく読んでいる様子が伺える。また，ステップⅢ書きにおいては，特殊音節の表記ミス（「スリッパ」を「スッリパ」など）が見られた。これらの結果から，デコーディング・エンコーディングの弱さがあると考えられる。

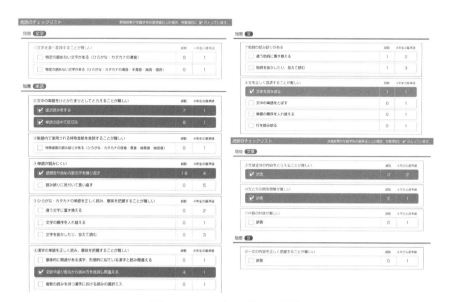

図5-5　ステップⅢ　読みの結果

図5-6　ステップⅢ　書きの結果

基本検査　補助検査

領域	下位領域		1年	2年	3年
Ⅰ 数概念		a 整数		7 / 7	3 / 4
		b 分数		1 / 1	2 / 3
		c 小数			4 / 4
Ⅱ 計算	整数	d 加減		6 / 8	0 / 2
		e 乗		4 / 4	0 / 2
		f 除			3 / 7
	分数	g 加減			1 / 2
		h 乗除			
	小数	i 加減			1 / 3
		j 乗除			

正答率	0~49%	50~74%	75~100%

図5-7　ステップⅢ　算数の結果

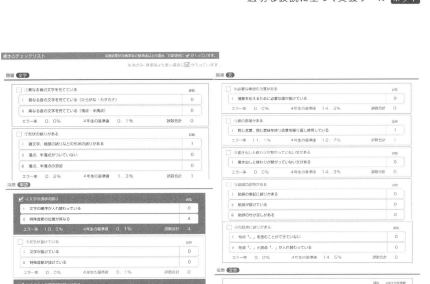

- WISC-Ⅳの結果からワーキングメモリーの弱さがみられ，読み書きの苦手さに影響していると思われ，四則計算の速度低下にも影響している可能性がある。
- ステップⅢ読解課題の結果から，文・文章の意味を捉えることも難しいと考えられる。これはデコーディングやワーキングメモリーの弱さによるものなのか，その他の要因も複合的に関連しているのかについて検討していく必要がある。
- ステップⅢ読み・書きの結果から，漢字の読み書きも苦手と考えられる。
- ステップⅡ計算・ステップⅢ算数の結果から，計算はゆっくりではあるが，2年生配当の内容までは定着している。四桁以上の数字が含まれる足し算・引き算や二桁同士の割り算，分数や少数の計算は苦手であることが確認された。
- 発達障害の判断
  - ◆学習障害の状態がある（ステップⅠ～Ⅲから）
    - ・ディスレクシアの状態がある
    - ・計算の速度と正確性の問題がある
  - ◆ADHDの要素がある可能性（生育歴・学校での様子から）

⑦**指導目標**

上記を踏まえて，表5-4のような指導目標を立てた。

3 まとめ

LD-SKAIPは，ステップⅠで「質問紙形式のスクリーニング」を，ステップⅡで学力を支える「読み書き計算の流暢さ・正確さ（学業的技能）」や「認知能力」を，ステップⅢで実際の学習場面における「つまずき分析」をアセスメントすることが可能である。図5-8に学習のつまずきに関するアセスメントの流れを示す。LD-SKAIPの3つのステップは，学習につまずく子どもを支援する際の「確かめ」から「効果的な支援方法の提案」までのプロセスに広く対応できるアセスメントツールとなっている。アセスメントを行う際には，子どもに直接

適切な仮説に基づく支援ツール 第5章

表5-4　本児への指導目標

学習の状態	指導目標・配慮事項
読みに時間がかかり，間違いが多い ことばのまとまりで読めない	・ことばのまとまりで読める ・読んで意味を理解できる
基本的な計算に時間がかかり，分数や少数の計算が難しい。	・分数や少数の計算ができる。
漢字の読み書きが苦手	・3年生までの漢字が読める 　＊文意に合わせて読める 　＊熟語が読める
特殊音節(特に促音)を正しく書けない	・促音を含むことばを正しく表記できる
読み書きに対する拒否感が強い	・代替機器の使用に慣れる(パソコン・電子辞書，など)

気づき
・指示が通らない　・何を言いたいのかよくわからない　・音読を嫌がる
・字が汚い　　・計算が遅い　・文章題はいつも白紙　　など

▼

確かめ
つまずきの領域や特徴を把握し，背景要因を推定する
○授業中の様子をよく観察する
○ノートやテスト，指導要録を確認する
○本人，保護者，関わっている教師，支援員などに話を聞く
○LDI-RやSKAIPステップⅠなどチェックリストの活用

▼

検査および詳しい状態把握
学力と背景要因(認知，行動等の特性)を詳細に把握し，つまずき要因を特定する

学力・学業的技能のアセスメント	認知特性のアセスメント	行動・情緒・環境のアセスメント

▼

総合解釈・つまずきのメカニズムの特定

▼

効果的な支援方法の提案

図5-8　アセスメントの流れ

S.E.N.S養成セミナー特別支援教育の理論と実践[第3版]，Ⅰ概論・アセスメントB-4学力のアセスメントの図B-4-5を簡略化

99

実施する検査もある程度必要であるが，子どもへの負担や時間を考慮し，しっかりとした「確かめ」によって情報収集からつまずきの要因を予想し，実施する検査を絞っていくことが重要である。ステップⅠは，子どもへの負担を最小限にし，効率よくアセスメントを行うための，保護者からの聞きとり，子どもの学習場面の観察，その他のインフォーマルな情報と組み合わせることによって，学習の様子や発達の概要を正確に捉えることに役立つ。ステップⅠを含めた状態把握により，学習に関するつまずきの要因について仮説を立てるが，ステップⅡとステップⅢを実施することにより，その仮説の確認を行う。つまり，認知特性と学習のつまずきの状態をより詳細に把握・整理することにより，より効果的な学習支援につなげることができるのである。LD-SKAIPは優れたアセスメントツールである一方で，「学力の習得プロセス」「学業的技能や認知機能の発達」「発達障害が学習に与える影響」「専門的な学習指導」「特性に合わせた合理的配慮」などLD-SKAIPの解釈・支援法提案に必要な検査者の知識や技能が不可欠である。また，保護者・教師・専門家間の連携も重要となる。LD-SKAIPの活用とともに，学習支援に関わる専門家のより高いレベルの知識や技能の習得や共有が必要と思われる。

【引用文献】

日本LD学会（2017）学校で使うLD（Learning Differences）の判断と指導のためのスクリーニング・キット（SKAIP）の開発：PCを用いた最初の気づきから指導プログラムの基本方針まで（事業報告）．

上野一彦，篁倫子，海津亜希子（2008）LDI-R—LD判断のための調査票—手引き．日本文化科学社．

竹田契一，上野一彦，花熊曉（監修），一般財団法人特別支援教育士資格認定協会（編），上野一彦，花熊曉，室橋春光（責任編集）．（2018）特別支援教育の理論と実践［第3版］Ⅰ：概論・アセスメント（S. E. N. S養成セミナー）．金剛出版．

▌著者紹介 （執筆順）

小貫　　悟　（こぬき・さとる）　　　編者・明星大学心理学部教授

増本　利信　（ますもと・としのぶ）　長崎県東彼杵町立千綿小学校教諭

山下　公司　（やました・こおじ）　　北海道札幌市立南月寒小学校教諭

西岡　有香　（にしおか・ゆか）　　　大阪医科大学 LD センター言語聴覚士

奥村　智人　（おくむら・ともひと）　大阪医科大学 LD センター技術職員

三浦　朋子　（みうら・ともこ）　　　清恵会病院堺清恵会 LD センター
オプトメトリスト

林　真理佳　（はやし・まりか）　　　明星大学発達支援研究センター研究員

岡田真美子　（おかだ・まみこ）　　　東京都福生市教育相談室心理相談員

小笠原哲史　（おがさわら・さとし）　明星大学総合健康センター公認心理師・
臨床心理士

名越　斉子　（なごし・なおこ）　　　埼玉大学教育学部教授

飯利知恵子　（いいり・ちえこ）　　　医療法人社団ながやまメンタルクリニック
臨床心理士

▍監修者紹介

柘植雅義(つげ・まさよし)

　筑波大学人間系障害科学域教授。愛知教育大学大学院修士課程修了，筑波大学大学院修士課程修了，筑波大学より博士（教育学）。国立特殊教育総合研究所研究室長，カリフォルニア大学ロサンゼルス校(UCLA)客員研究員，文部科学省特別支援教育調査官，兵庫教育大学大学院教授，国立特別支援教育総合研究所上席総括研究員・教育情報部長・発達障害教育情報センター長を経て現職。主な著書に，『高等学校の特別支援教育 Q&A』（共編，金子書房，2013），『教室の中の気質と学級づくり』（翻訳，金子書房，2010），『特別支援教育』（中央公論新社，2013）『はじめての特別支援教育』（編著，有斐閣，2010），『特別支援教育の新たな展開』（勁草書房，2008），『学習障害(LD)』（中央公論新社，2002）など多数。

▍編著者紹介

小貫　悟(こぬき・さとる)

明星大学心理学部心理学科教授。早稲田大学人間科学部卒業。東京学芸大学博士課程修了。博士（教育学）。公認心理師。臨床心理士。専門は，臨床心理学，特別支援教育。最近は，主に教育領域において「だれもが活躍できる」ためのユニバーサルデザイン環境や授業方法などの研究を行っている。主な著書に『授業のユニバーサルデザイン入門』（共著，東洋館出版，2014），『通常学級での特別支援教育のスタンダード』（共著，東京書籍，2010）『LD・ADHD・高機能自閉症へのライフスキルトレーニング』（日本文化科学社，2009）など多数。

ハンディシリーズ 発達障害支援・特別支援教育ナビ

LDのある子への学習指導──適切な仮説に基づく支援

2019 年 11 月 22 日　初版第 1 刷発行　　　　　　　　　　　　［検印省略］

監修者	柘　植　雅　義
編著者	小　貫　　　悟
発行者	金　子　紀　子
発行所	株式会社 金　子　書　房

〒112-0012　東京都文京区大塚 3-3-7
TEL　03-3941-0111 ㈹
FAX　03-3941-0163
振替　00180-9-103376
URL　http://www.kanekoshobo.co.jp

印刷／藤原印刷株式会社　製本／一色製本株式会社
装丁・デザイン・本文レイアウト／mammoth.

© Satoru Konuki, et al., 2019
ISBN 978-4-7608-9552-6　C3311　Printed in Japan

金子書房の発達障害・特別支援教育関連書籍

子どもの特性や持ち味を理解し、将来を見据えた支援につなぐ

発達障害のある子の自立に向けた支援
——小・中学生の時期に、本当に必要な支援とは?

萩原 拓 編著　　A5判・184頁　本体1,800円+税

通常学級にいる発達障害のある子どもが、将来社会に出て困らないための理解や支援のあり方を紹介。学校でできる支援、就労準備支援、思春期・青年期に必要な支援などを、発達障害支援・特別支援教育の第一線で活躍する支援者・研究者・当事者たちが執筆。好評を得た「児童心理」2013年12月号臨時増刊の書籍化。

CONTENTS
- 第1章　総論・発達障害のある子の将来の自立を見据えた支援とは
- 第2章　発達障害の基礎知識・最新情報
- 第3章　支援のために知っておきたいこと
    ——発達障害のある成人たちの現在
- 第4章　自立に向けて学校でできる支援
- 第5章　思春期・青年期における支援の実際
- 第6章　自立・就労に向けて
- 第7章　発達障害のある子の家族の理解と支援

K 金子書房

自閉スペクトラム症のある子への性と関係性の教育
具体的なケースから考える思春期の支援

川上ちひろ 著　　A5判・144頁　本体1,800円+税

中京大学教授　辻井正次先生 推薦!

「性」の領域は、タブーや暗黙のこととされることが多く、発達障害の子どもたちにとって指導が必要な領域です。本書は、通常学級などに在籍する知的な遅れのない発達障害の子どもたちを対象に、「性」の問題を、そこにいる他者との「関係性」のなかで、どう教えていくのかについての実践的な内容が書かれています。多くの子どもたちと保護者・教師を助けてくれる1冊となるでしょう。

主な内容

第Ⅰ部　思春期のASDのある子どもの性と関係性の教育について
「性と関係性の教育」とは何か/思春期を迎えたASDのある子どもの性的文脈の関係の複雑さ/従来の「性教育」「性の捉え方」からの脱却/ASDのある子どもの性と関係性に関わる問題行動について/家族や支援者の悩み・陥りやすい間違った関わりについて/ほか

第Ⅱ部　具体的なケースから考える——ASDのある子どもの性と関係性の教育・支援
男女共通・どの年代でもあてはまる話題/とくに思春期の女子にあてはまる話題/とくに思春期の男子にあてはまる話題

金子書房の心理検査

自閉症スペクトラム障害(ASD)アセスメントのスタンダード

自閉症スペクトラム評価のための半構造化観察検査

ADOS-2 日本語版

C. Lord, M. Rutter, P.C. DiLavore, S. Risi, K. Gotham, S.L. Bishop, R.J. Luyster, & W. Guthrie 原著

監修・監訳:黒田美保・稲田尚子

[価格・詳細は金子書房ホームページをご覧ください]

検査用具や質問項目を用いて、ASDの評価に関連する行動を観察するアセスメント。発話のない乳幼児から、知的な遅れのない高機能のASD成人までを対象に、年齢と言語水準別の5つのモジュールで結果を数量的に段階評価できます。DSMに対応しています。

〈写真はイメージです〉

導入ワークショップ開催!

自閉症診断のための半構造化面接ツール

ADI-R 日本語版

■対象年齢:精神年齢2歳0カ月以上

Ann Le Couteur, M.B.B.S., Catherine Lord, Ph.D., & Michael Rutter, M.D.,F.R.S. 原著

ADI-R 日本語版研究会 監訳
[土屋賢治・黒田美保・稲田尚子 マニュアル監修]

- プロトコル・アルゴリズム
  (面接プロトコル1部、包括的アルゴリズム用紙1部)…本体 2,000円+税
- マニュアル……………………………………………本体 7,500円+税

臨床用ワークショップも開催しております。

ASD関連の症状を評価するスクリーニング質問紙

SCQ 日本語版

■対象年齢:暦年齢4歳0カ月以上、精神年齢2歳0カ月以上

Michael Rutter, M.D., F.R.S., Anthony Bailey, M.D., Sibel Kazak Berument, Ph.D., Catherine Lord, Ph.D., & Andrew Pickles, Ph.D. 原著

黒田美保・稲田尚子・内山登紀夫 監訳

- 検査用紙「誕生から今まで」(20名分1組) ……… 本体 5,400円+税
- 検査用紙「現在」(20名分1組)………………… 本体 5,400円+税
- マニュアル……………………………………… 本体 3,500円+税

※上記は一定の要件を満たしている方が購入・実施できます。
　詳細は金子書房ホームページ(http://www.kanekoshobo.co.jp)でご確認ください。

金子書房

ハンディシリーズ

発達障害支援・特別支援教育ナビ

―――――――――――――――――― 柘植雅義 ◎ 監修

〈既刊〉

ユニバーサルデザインの視点を活かした指導と学級づくり
柘植雅義 編著

定価 本体1,300円＋税 ／ A5判・104ページ

発達障害の「本当の理解」とは
―― 医学, 心理, 教育, 当事者, それぞれの視点
市川宏伸 編著

定価 本体1,300円＋税 ／ A5判・112ページ

これからの発達障害のアセスメント
―― 支援の一歩となるために
黒田美保 編著

定価 本体1,300円＋税 ／ A5判・108ページ

発達障害のある人の就労支援
梅永雄二 編著

定価 本体1,300円＋税 ／ A5判・104ページ

発達障害の早期発見・早期療育・親支援
本田秀夫 編著

定価 本体1,300円＋税 ／ A5判・114ページ

学校でのICT利用による読み書き支援
―― 合理的配慮のための具体的な実践
近藤武夫 編著

定価 本体1,300円＋税 ／ A5判・112ページ

発達障害のある子の社会性とコミュニケーションの支援
藤野 博 編著

定価 本体1,300円＋税 ／ A5判・112ページ

発達障害のある大学生への支援
高橋知音 編著

定価 本体1,300円＋税 ／ A5判・112ページ

発達障害の子を育てる親の気持ちと向き合う
中川信子 編著

定価 本体1,300円＋税 ／ A5判・112ページ

発達障害のある子／ない子の学校適応・不登校対応
小野昌彦 編著

定価 本体1,300円＋税 ／ A5判・112ページ

教師と学校が変わる学校コンサルテーション
奥田健次 編著

定価 本体1,300円＋税 ／ A5判・112ページ

LDのある子への学習指導
―― 適切な仮説に基づく支援
小貫 悟 編著

定価 本体1,300円＋税 ／ A5判・108ページ

刊行予定

※いずれも予価1,300円＋税, 予定頁数104ページ
※タイトルはいずれも仮題です

◆ 大人の発達障害の理解と支援 （渡辺慶一郎 編著）

◆ 特別支援教育とアクティブラーニング （涌井 恵 編著）

◆ 高校での特別支援を進めるために （小田浩伸 編著）